Der Abandon

des

Versicherten

in der

SEEVERSICHERUNG.

Von

Dr. jur. Willy Aschenheim.

Berlin 1893.

J. J. Heines Verlag.

Druck von Hans Mamroth, Berlin W.

INHALT.

Einleitung.

§ 1.

Die Folgen der Unfälle, deren Eintritt nicht abgewendet werden kann, zu mildern und auszugleichen, ist die Aufgabe der Versicherung. Der Wunsch nach Schutz und Rückhalt ist aber naturgemäss da am lebendigsten, wo die Gefahr des Verlustes am häufigsten droht, nämlich bei Unternehmungen zur See. Daher ist auch die Seeversicherung die älteste aller Versicherungsarten. Der dem Kaufmann, welcher seine Güter dem Meere anvertraut hat, drohende Verlust ist mannigfacher Natur. Schiff und Waare können ihm unwiderbringlich entzogen werden, sei es, dass sie zerschellen und versinken, sei es, dass sie ohne Aussicht auf Wiedererlangung genommen werden; hier tritt also ein den versicherten Gegenstand in seinem ganzen Umfange ergreifender Schaden ein, welcher als absoluter Totalverlust oder schlechtweg als Totalverlust bezeichnet wird[1]. Oft beschränkt sich der Verlust nur auf einen Teil der versicherten Sache.

In allen diesen Fällen ist der Schaden, mag er nun ein totaler oder nur ein partieller sein, klar erwiesen; denn die Thatsache des Unfalls ist zweifellos. Der Versicherte hat daher Anspruch auf die Auszahlung der ganzen oder des entsprechenden Teiles der Versicherungssumme, welche ihm die materiellen Kräfte zur Ausführung neuer Unternehmungen verleiht.

---

[1]) Art. 858 des deutschen Handelsgesetzbuches bestimmt: „Ein Totalverlust des Schiffes oder der Güter liegt vor, wenn das Schiff oder die Güter zu Grunde gegangen oder dem Versicherten ohne Aussicht auf Wiedererlangung entzogen sind, namentlich wenn sie unrettbar gesunken oder in ihrer ursprünglichen Beschaffenheit zerstört oder für gute Prise erklärt sind. Ein Totalverlust des Schiffes wird dadurch nicht ausgeschlossen, dass einzelne Teile des Wracks oder des Inventars gerettet sind."

In gleicher Weise formuliert das englische Recht den Totalverlust: „An absolute total loss takes place, when the subject insured wholly perishes, or its recovery is rendered irretrievably hopeless." Vgl. Arnould: On the law of marine insurance. 4 ed. II p. 844.

Indessen liegt die Thatsache des Verlustes nicht immer klar zu Tage. Zuweilen ist die Wahrscheinlichkeit sehr bedeutend, dass der totale Verlust der versicherten Sache bereits eingetreten ist oder infolge des Unfalles, der sie der Verfügungssphäre des Versicherten entrückt hat, in gewisser, nicht bestimmbarer Zeit eintreten wird. Aber er ist eben nur wahrscheinlich, nicht sicher, die Wiedererlangung ist nicht ausgeschlossen.

Daher mag der Versicherte dem Versicherer nicht den Beweis des völligen Verlustes zu erbringen, dessen Wirkungen ihm aber schmerzlich fühlbar werden; der erhoffte Erfolg des Unternehmens ist ausgeblieben, das Kapital, welches er auf dasselbe verwandt hat, ist seiner Verfügung entzogen, vielleicht auf immer verloren.

Müsste sich der Anspruch des Versicherten stets auf den klar erbrachten Beweis des Totalverlustes gründen, so würde er in den geschilderten Fällen meist sehr spät in den Besitz der Versicherungssumme gelangen, zuweilen aber überhaupt nicht.

Zur Verhütung dieser Folgen und der ihnen anhaftenden Ungerechtigkeit wurde man dazu geführt, in gewissen Fällen, welche den totalen Verlust der versicherten Sache wahrscheinlich machten, den Eintritt desselben zu fingieren und auf Grund dieses fingierten (präsumierten) Totalverlustes dem Versicherten das Recht zuzuschreiben, die Auszahlung der ganzen Versicherungssumme zu verlangen[1]).

Allein diese Einrichtung genügte bald nicht mehr. Wirtschaftliche Beweggründe führten einen entscheidenden Schritt weiter. Der durch den präsumierten oder fingierten Totalverlust herbeigeführte Zustand war nur ein provisorischer; gelangte der versicherte Gegenstand in den Bereich des Versicherten zurück, war es also klar, dass ein Totalverlust nicht stattgefunden hatte, so war der Versicherte zur Rückzahlung der empfangenen Entschädigungssumme verpflichtet. So entstand eine Unsicherheit, welche die gewonnenen Vorteile stark beeinträchtigte, ja fast aufhob. Der Versicherte durfte kaum wagen, die erhaltene Summe in einem neuen Unternehmen festzulegen, wenn er jederzeit die Rückforderung seitens des Versicherers gewärtigen konnte.

Die kaufmännischen Interessen verlangen aber einen möglichst hohen Grad der Sicherheit. Man suchte daher nach einem Mittel, die Rückforderung der Versicherungssumme unmöglich zu machen. Dieses Mittel fand man in dem Abandon. Der Versicherte tritt, indem er die volle Versicherungssumme fordert, seine Rechte an dem versicherten Gegenstande dem Versicherer ab.

---

[1]) Vgl. Statut von Venedig von 1468. Pardessus: Collection de lois maritimes autérieures au XVIIIe siècle. V. S. 500. *Reatz:* Geschichte des europäischen Seeversicherungsrechtes. S. 174. — Verordnung der Versicherungsbeamten von Florenz vom 15. Juni 1525. Pardessus IV, S. 606.

Der Abandon bringt also die schwankende Angelegenheit zu einem definitiven Abschluss dadurch, dass er den absoluten Totalverlust der versicherten Sache herbeiführt[1]).

Dieselbe ist dem Versicherten dauernd entzogen; das Eigentum an der geretteten Sache hat der Versicherer, welcher daher keinen Anspruch auf Rückzahlung der Versicherungssumme erheben kann.

Demnach ist die Ansicht nicht zutreffend, man könne einen Totalverlust „nicht durch Fiktion schaffen und den Assekuradeur auf Grund einer solchen Fiktion nicht für verpflichtet erklären, die volle Versicherungssumme zu bezahlen, ohne zugleich dem Versicherten die Pflicht aufzuerlegen, die ihm an der versicherten Sache zustehenden Rechte dem Assekuradeur abzutreten“[2]). Diese Folgerung ist nicht schlagend, denn das Recht des Versicherten auf Zahlung der Versicherungssumme begründet nicht notwendig die Pflicht zur definitiven Abtretung des Eigentums[3]).

Nicht richtig ist ferner die Behauptung, der Abandon sei die notwendige Folge des fiktiven Totalverlustes[4])[5]).

Er ist die Folge, aber nicht die notwendige; er ist nur die notwendige Folge der Bestrebung, zur definitiven Regelung der Schadensangelegenheit einen absoluten Totalverlust herbeizuführen.

Umgekehrt ist aber der Satz zweifellos richtig: Der fiktive Totalverlust ist die notwendige Voraussetzung des Abandons.

Wir wählen diesen Ausdruck absichtlich, da in neuerer Zeit wiederholt versucht worden ist, die Bezeichnung: „fiktiver Totalverlust“ oder, wie noch häufiger gesagt worden ist: „konstruktiver Totalverlust“, aus der deutschen Rechtssprache zu beseitigen[6]).

---

[1]) Dies betont sehr richtig *Bewer:* „Das Herrschaftsgebiet des Abandon“. In *Goldschmidts* Zeitschrift, Bd. 38, S. 372 ff.

[2]) Vgl. Protokolle der Kommission zur Beratung eines allgemeinen deutschen Handelsgesetzbuches. VII, S. 3392.

[3]) Die Bremer Seeversicherungsbedingungen von 1875 geben dem Versicherten im Falle der Verschollenheit das Recht, die ganze Versicherungssumme zu fordern; sie kennen aber den Abandon nicht (s. unten § 4). Vgl. auch *Tecklenborg:* „System des Seeversicherungswesens“. 1862. S. 358.

[4]) So *Lewis:* „Das deutsche Seerecht“. 2. Aufl. 1884. II, S. 445.

[5]) Aus diesem Satze geht übrigens hervor, dass *Bewer* (a. a. O. S. 374) *Lewis* missversteht, wenn er meint, *Lewis* scheine der Ansicht zu sein, dass der durch den Abandon für den Versicherten geschaffene Totalverlust ein fingierter sei. Daher bewegt sich seine Polemik in falscher Richtung. Der Vorwurf ist *Lewis* allerdings zu machen, dass er ausschliesslich den fiktiven Totalverlust beim Abandon berücksichtigt, ohne den durch diesen geschaffenen absoluten, wirklichen Totalverlust hervorzuheben.

[6]) So *Voigt-Seebohm:* „Das deutsche Seeversicherungsrecht“. 1887. S. 635 f. —

Freilich kennt das deutsche Handelsgesetzbuch diesen Ausdruck nicht, aber aus den Protokollen, welche das Werden und die innere Bedeutung des Gesetzes erkennen lassen[1]), geht klar hervor, dass das Institut des Abandons auf dem konstruktiven Totalverlust aufgebaut wurde; dies Wort kehrt ständig wieder[2]).

Uebrigens kann in der That nur von einem Wortstreit gesprochen werden; jene Autoren verdammen einen bisher allgemein und unbeanstandet[3]) in bestimmter Bedeutung gebrauchten Ausdruck; den zu Grunde liegenden Begriff können sie füglich nicht beseitigen. Der Abandon ist nur dann begründet, wenn der gänzliche Verlust des versicherten Gegenstandes wahrscheinlich, keineswegs aber ganz sicher ist, und es ausserhalb der Machtsphäre des Versicherten liegt, ihn dauernd der Gefahr zu entziehen. Um diese Wahrscheinlichkeit des totalen Verlustes, der nicht bewiesen, nur angenommen werden kann, auszudrücken, scheint uns die Bezeichnung „fiktiver Totalverlust“ vollkommen zweckmässig zu sein. In die Erscheinung tritt freilich nur der durch den Abandon bewirkte absolute Totalverlust, aber zur Erklärung und zum Verständnis des Abandons halten wir die Annahme eines „fiktiven Totalverlustes“ für unentbehrlich.

Der fiktive Totalverlust ist die Voraussetzung des Abandons; die Folge desselben ist der absolute Totalverlust.

Wegen dieser Folge, der zwangsweisen Uebertragung des Eigentums an den Versicherer, die in keiner der übrigen Versicherungsarten wiederkehrt, ist das Institut des Abandons vielfach angefeindet worden. *Bal-*

Bewer a. a. O. S. 381. — *Gareis-Fuchsberger:* „Das allgemeine deutsche Handelsgesetzbuch erläutert“. 1891. S. 1223.

Der Ausdruck: „konstruktiver Totalverlust“, ein der englischen Rechtssprache entlehnter Terminus, ist freilich besser zu vermeiden, da er sich mit dem oben entwickelten Begriffe des fiktiven Totalverlustes nicht vollkommen deckt. Ein konstruktiver Totalverlust wird nämlich im englischen Recht auch angenommen, wenn der in dem versicherten Gegenstande vorhandene Wert durch den Unfall mittelbar oder unmittelbar gänzlich genommen worden ist. *Voigt* (a. a. O. S. 636) scheint anzunehmen, dass in der englischen Rechtssprache ein konstruktiver Totalverlust nur in diesem Falle gefunden wird. Das ist irrig, wie aus folgender Definition, welche *Arnould* a. a. O. II, S. 844 giebt, hervorgeht: „A constructive total loss takes place, when the subject insured is not wholly destroyed, but its destruction is rendered highly probable and its recovery, though not utterly hopeless, is either exceedingly doubtful or too expensive to be worth the attempt.“

[1]) Vgl. hierüber *Goldschmidt:* „Über die Benutzung und Bedeutung der Beratungsprotokolle für die Interpretation des deutschen Handelsgesetzbuchs“ in Goldschmidts Zeitschrift Bd. 10, S. 40 ff.

[2]) Vergl. Protokolle S. 3345, 3392 u. s. w.

[3]) *Lewis:* Seerecht und Versicherungsrecht; an vielen Orten. — *M. Pöhls:* Dar-

dasseroni nennt ihn ein äusserst gehässiges Mittel „esterno odiosissimo remedio", während im Gegensatz hierzu *Desjardins* von ihm sagt: „La loi de justice, conforme aux nécessités commerciales, est le délaissement"[1]).

Zwischen diesen Polen diametral entgegengesetzter Anschauung bewegen sich die Gefühle, die man seither dem Abandon gewidmet hat.

Die jeweilig herrschende Ansicht beeinflusste die Gesetzgebung, die hier dem Abandon weiten Spielraum gewährte, dort ihm enge Grenzen zog.[2])

Aus diesen kurzen Bemerkungen ergiebt sich, dass für die vorliegende Arbeit, welche die Berechtigung und Bedeutung des Abandons, einer ganz besonders internationalen Rechtseinrichtung, im modernen Rechte zum Gegenstande der Untersuchung machen will, eine Behandlungsweise, die für die Betrachtung der meisten handelsrechtlichen Fragen sich empfiehlt, geradezu geboten war: nicht die Darstellung der Bestimmungen eines einzigen Rechtes, sondern die Vergleichung der Errungenschaften verschiedener Rechte.

Das deutsche Recht wird freilich, da es die Grundlage dieser Arbeit bildet, naturgemäss auch den grössten Raum einnehmen; nächst diesem werden das französische und das englische Recht grössere Berücksichtigung finden, während die Bestimmungen der übrigen europäischen Rechte an geeigneter Stelle herangezogen werden sollen.

Hier möchte es wohl am Platze sein, etwas über den Namen unseres Instituts zu sagen.

Seine Bezeichnung im Französischen ist délaissement, im Englischen abandonment, im Italienischen abandono, renunzia all' incetta, im Spanischen abandono, im Holländischen abandonnement.

Interessant genug ist es, dass „abandon", ein dem Französischen

---

stellung des gemeinen deutschen und des hamburgischen Handelsrechts für Juristen und Kaufleute. 1832. Bd. 4. S. 599, 612. — *V. Nolte:* Wilhelm Beneckes „System des Seeassekuranz- und Bodmereiwesens." Vollständig und zeitgemäss umgearbeitet. 1852. Bd. 2. S. 446, 449, 514 u. s. w. — *Reatz:* „Seeversicherungsrecht in Endemanns Handbuch des deutschen Handels-, See- und Wechselrechts." Bd. IV, 1. 1884. S. 453. — *Dernburg:* „Preussisches Privatrecht." 1889. Bd. 2. S. 738.

1) *A. Desjardins:* „Traité de droit commercial maritime." VII. p. 167.

2) Die historische Entwicklung des Abandons hat *Bewer* in der citierten Abhandlung unter dem Titel: „Historische Rundschau" behandelt. Diese Rundschau kann freilich nicht den Anspruch erheben, eine vollständige Geschichte des Abandons zu sein. So spricht *Bewer* z. B. über die coutume d'Anvers von 1582, während er die vom Jahre 1609, welche ausführliche Bestimmungen über den Abandon giebt, nicht zu kennen scheint. Vgl. *G. de Longé:* Coutumes de la ville d'Anvers. Auch die Ordonnanzen und Gesetze aus dem achtzehnten Jahrhundert, welche in (Magens) Versuch über Assekuranzen etc., Hamburg 1753, abgedruckt sind, haben keine Berücksichtigung gefunden.

entlehntes Wort, in der französischen Rechtssprache eine andere Bedeutung hat, als in der unsrigen.

Noch die ordonnance von 1861 gebraucht neben „délaissement" das Wort „abandon" in gleicher Bedeutung. Im code de commerce bezeichnet „abandon" indessen ein anderes Rechtsinstitut. Hier charakterisiert es die Handlung des nur mit der fortune de mer haftenden Schiffseigentümers, welcher Schiff und Fracht den Gläubigern überlässt, um sich von ihren Forderungen zu befreien.

Also, wie *Desjardins* kurz und treffend sagt: „L'abandon est fait par un débiteur, le délaissement est fait par un créancier[1]."

---

[1]) *Desjardins* a. a. O. p. 166.

Erster Teil.

Voraussetzung des Abandons.

1. Fälle, in denen der Abandon unbegründet ist.

§ 2.

a) Weil ein absoluter Totalverlust vorliegt.

Emérigon, welcher das Institut des Abandons mit einer gewissen Abneigung betrachtet, wendet sich gegen dasselbe mit folgenden Worten: „Il n'est pas dans l'ordre que les assureurs soient forcés à devenir propriétaires d'une chose dont ils s'étaient rendus simples garans[1]).“

Er erkennt das Wesen des Abandons richtig darin, dass durch ihn dem Versicherer das Eigentum an der versicherten Sache übertragen wird. Nun ist es aber unmöglich, jemanden zum Eigentümer einer Sache zu machen, welche nicht mehr existiert.

Das französische Recht[2]) dagegen gestattet den Abandon auch bei Schiffbruch und Strandung mit Schiffbruch, also Seeunfällen, welche gewöhnlich den Untergang des Schiffes herbeiführen.

Einige andere Rechte[3]), deren Bestimmungen über das Seerecht überhaupt von dem Geist des code de commerce stark beeinflusst sind, schliessen sich ihm in der Verkennung der Natur des Abandons an.

In diesen Fällen ist der gänzliche Verlust des Schiffes oder der Waaren nicht wahrscheinlich, sondern sicher; diesem offenbaren Beweis des Totalverlustes gegenüber muss der Versicherer die Versicherungs-

---

1) *Emérigon:* Traité des assurances et des contrats à la grosse. 2 ed. par Boulay-Paty. 1827. II, p. 210.

2) Code de commerce von 1807. Art. 369.

3) Belgien: code de commerce revisé. 1867/79. Buch II, Tit. 7, Art. 199. — Italien: codice di commercio. 1882. Art. 632. — Spanien: codigo de commercio. 1885. Art. 789. — Portugal: codigo commercial. 1888. Art. 1789. — Niederlande: wettboek van koophandel. 1838. Art. 663.

summe ohne weiteres zahlen, der Versicherte ist daher, um dieselbe zu erlangen, nicht genötigt, seine Zuflucht zum Abandon zu nehmen, der in dieser Anwendung die eine Hälfte seines Wesens und zwar die charakteristische verlieren würde; denn die Uebertragung der Rechte an der versicherten Sache gehört zum Wesen des Abandons, auch im französischen Rechte. Der Name „abandon" oder „délaissement", der doch nicht etwas Zufälliges ist, würde im anderen Falle unverständlich sein und die Verteidiger der französischen Gesetzesbestimmungen, welche[1]) behaupten, dass der Abandon gar nicht etwas übertragen müsse, zeigen durch ihre Ausführungen nur, dass sie die Natur des Abandons wenig erfasst haben.

Nach dem offenbaren gänzlichen Verluste der versicherten Sache kann selbstverständlich von einer Uebertragung von Rechten an dieser Sache keine Rede sein. Freilich kann es vorkommen, dass Trümmer gerettet werden, Schiffsteile, welche für sich einen besonderen Wert repräsentieren. Aber der Totalverlust des Ganzen wird dadurch nicht beseitigt[2]).

Der Abandon hat daher in diesen Fällen weder Berechtigung noch Bedeutung.

Der leitende Gedanke der französischen[3]) Gesetzgeber war, wie es scheint, zu einer Vereinfachung des Systems zu gelangen. Daher verlangten sie von dem Versicherten in allen Fällen, wo er Anspruch auf die ganze Versicherungssumme hat, die Erklärung des Abandons.

Eine solche Praxis mag vielfach bequem sein, so bequem, dass einige Mitglieder der Handelsgesetzkommission sie auch in Deutschland einzuführen wünschten und sie noch jetzt in Frankreich besteht, obgleich auch dort bedeutende Köpfe schon längst das Widersinnige des reinen Abandonsystems erkannt haben[4]). Aber, ganz abgesehen davon, dass sie eine Verwirrung der Rechtsbegriffe herbeiführt, hat sie unvermeidlich „leere Formalitäten" im Gefolge, die man zwar, wie *Pöhls*[5]) meint, „als solche den Leuten gönnen kann", die aber, eben weil sie unnötig sind, stören und daher vermieden werden müssen.

---

[1]) Vgl. *Emile Cauvet*: Traité des assurances maritimes. II, p. 442.

[2]) Vgl. H. G. B. Art. 858.

[3]) In England findet dem deutschen Recht entsprechend, bei absolutem Totalverlust kein Abandon statt. *Arnould* sagt a. a. O. II, p. 879: „notice of abandonment would in such case be an idle formality."

[4]) *Emérigon* a. a. O. II, S. 208: En cas de perte entière le délaissement est une formalité inutile. II, S. 206: Il paraît incongru de délaisser aux assureurs une chose dont la perte absolue est déjà constatée."

[5]) *M. Pöhls:* a. a. O. IV, S. 602.

§ 3.

b) Weil ein partieller Verlust vorliegt.

Die Neigung, Partialschäden als Totalverluste zu behandeln, findet sich naturgemäss nur in den Gesetzgebungen, welche das Interesse des Versicherten auf Kosten des Versicherers übermässig wahrnehmen: der Versicherte soll nicht nur gegen den offenbaren Totalverlust geschützt sein, sondern die volle Versicherungssumme auch dann erhalten, wenn das Versicherungsgut durch einen Unfall in eine solche Lage gebracht oder derart beschädigt worden ist, dass es für ihn unbrauchbar geworden ist und es vorteilhafter erscheint, ein neues Gut durch die Versicherungssumme zu erwerben, eine Anschauung, die früher sogar zur Gestattung des Abandons allein bei dem Verlust der Reise führte[1]).

Einige moderne Rechte erklären den Abandon für zulässig, wenn der Verlust drei Viertel des Wertes der versicherten Sache erreicht oder übersteigt.[2]) In diesem Falle kann der Versuch, den Abandon zu verteidigen, nur mit Gründen der Zweckmässigkeit, — im Sinne des Versicherten nämlich — unternommen werden.[3]) Die rechtliche Natur des Abandons widersteht seiner Anwendung. Denn ein Zweifel an dem Eintritt des Verlustes besteht nicht, anderseits ist klar, dass nur ein Partialschaden entstanden ist.

Die Gewährung des Abandons in diesem Falle bedeutet also einen Missbrauch der sonst segensreichen Rechtseinrichtung: durch den Abandon wird ein offenbarer Partialschaden in einen Totalverlust verwandelt.[4]) Dem Versicherten wird die Sorge um sein Eigentum abgenommen, das ihm der Sorge nicht mehr wert dünkt, und dem Versicherer aufgeladen, welchen sie weit mehr drückt als den Versicherten. Denn es ist klar,

---

[1]) *Pöhls* a. a. O. S. 600.

[2]) Code de comm. art. 369. — Italien. H. G. B. Art. 632. — Spanisches H. G. B. Art. 789. — Portugies. H. G. B. Art. 1792. — Niederländ. H. G. B. Art. 666. — Schwedisches Seegesetz vom 23. Februar 1864. Art. 259.

[3]) *Alfred Droz:* Traité des assurances maritimes, du délaissement et des avaries. 1881. Tome second. p. 276: „L'idée qui en ce cas (sc. de la détérioration des trois quarts) justifie le délaissement est que l'assuré subit une véritable dépossession. S'il s'agit d'un navire, l'assuré ne serait pas indemnisé de la perte par un règlement d'avaries, s'il lui fallait procéder moins à la réparation qu' à la reconstruction compliquée, longue, chanceuse, d'un navire presque réduit à l'état d'épave.

[4]) Dem älteren französischen Rechte war der Abandon bei Partialverlust fremd. Die Ordonnance touchant la marine von 1681 bestimmte im Art. 46: „Ne pourra le délaissement estre fait qu'en cas de prise, naufrage, bris, échouement, arrest de Prince on perte entière des effets assûrez; et tous autres dommages ne seront reputez qu'avarie, qui sera réglée entre les assûreurs et les assûrez à proportion de leurs intérests.“ Vgl. Pardessus a. a. O. IV, p. 376.

dass die Verwertung der Reste der verunglückten Sache, welche möglicherweise an einem weit entfernten Orte sich befindet, dem Versicherer schwerer fällt, als dem Versicherten, dessen Handelsbeziehungen weiter reichen.

Nicht gering anzuschlagen ist ferner der Umstand, dass der Versicherte, welchem der Abandon nicht aufgezwungen werden kann, sondern dem stets die Wahl gebührt, leicht in Versuchung kommen wird, zum Nachteil des Versicherers bei stattgehabtem Sinken des Marktpreises der versicherten Güter die volle Versicherungssumme zu fordern, andernfalls aber nur einen Partialverlust geltend zu machen.[1]

Zuweilen wird der Abandon von Waaren gestattet, ohne dass auf deren Zustand Rücksicht genommen würde. Hat der Kapitän eines seeuntüchtig gewordenen Schiffes während bestimmter Zeit kein anderes Schiff zum Weitertransport der versicherten Waaren finden können, so geben das französische Recht und die ihm nachgebildeten Rechte[2] dem Versicherten die Befugnis, den Abandon der Waaren zu erklären. Auch das englische Recht gewährt den Abandon in diesem Falle, verlangt aber, dass die Waare durch den Seeunfall beschädigt und leicht verderblicher Natur sei, während es den Abandon wohl konservierbarer Gegenstände ausschliesst.[3] Zunächst ist hier — in dem Fall des französischen Rechts wenigstens — oft überhaupt kein Schaden vorhanden. Für den Verlust aber, der dem Versicherten durch die Unmöglichkeit etwa entsteht, seine Waaren an dem Bestimmungsorte zu verkaufen, hat der Versicherer — abgesehen von dem Fall der Versicherung des imaginären Gewinnes — überhaupt nicht aufzukommen. Er haftet nur für die thatsächliche Beschädigung.

Das englische Recht gestattet hier den Abandon, weil scheinbar ein konstruktiver Totalverlust vorliegt: der totale Verlust der leicht verderblichen Waaren droht. Aber es ist ausser Acht gelassen, dass der Versicherte verhindert sein muss, auf den versicherten Gegenstand einzuwirken. Hierzu ist er im gegebenen Falle durch seinen Vertreter — den Kapitän[4] des Schiffes — im Stande. Der Kapitän kann die Waaren, für deren Weiterbeförderung grade kein Schiff aufzutreiben ist, — mögen diese nun leicht verderblicher Natur sein oder nicht — verkaufen. Zu dieser Massregel ist er nach deutschem Rechte befugt.[5] Der Verkaufspreis wird gewöhnlich die Höhe der Versicherungssumme nicht erreichen. Den entstandenen Verlust, welcher sich darstellt als Differenz zwischen

---

[1]) Vgl. Protokolle S. 3374.

[2]) Code de comm. art. 394. Italien. H. G. B. Art. 634. Span. H. G. B. Art. 794.

[3]) *Arnould* a. a. O. II, p. 950, 952. Vgl. Schwedisches Seegesetz Art. 258.

[4]) Vgl. H. G. B. Art. 504_1.

[5]) H. G. B. Art. 504_3. Übrigens auch nach englischem Recht; vgl. *Arnould* a. a. O. II, p. 952. Um so unverständlicher ist hier die Gestattung des Abandons.

dem Reinerlöse der Güter und dem Versicherungswerte,[1]) hat der Versicherer selbstverständlich zu ersetzen.

Unbrauchbar für den Versicherten ist das seeuntüchtig gewordene Schiff, da dasselbe nicht mehr zum Erwerb durch die Seefahrt dienen kann. Deshalb ist vielfach der Abandon wegen eingetretener Seeuntüchtigkeit gestattet.

Der Begriff „seeuntüchtig" umfasst verschiedene, die Reparatur verhindernde Beschädigungszustände. Deutlich wird er in der Fassung, welche ihm das deutsche Handelsgesetzbuch gegeben hat.

Nach dem Art. 444 gilt ein seeuntüchtig gewordenes Schiff

1. „als reparaturunfähig, wenn die Reparatur des Schiffes überhaupt nicht möglich ist oder an dem Ort, wo das Schiff sich befindet, nicht bewerkstelligt, dasselbe auch nicht nach dem Hafen, wo die Reparatur auszuführen wäre, gebracht werden kann[2]);"
2. als reparaturunwürdig, wenn die Kosten der Reparatur ohne Abzug für den Unterschied zwischen alt und neu mehr betragen würden, als drei Viertel seines früheren Wertes."

Die französische Rechtssprache bedient sich für diese Zustände der Bezeichnungen: innavigabilité absolue und innavigabilité relative.[3]) Jener Ausdruck deckt sich mit der absoluten Reparaturunfähigkeit des deutschen Rechts; innavigabilité relative gilt als eingetreten, wenn das an und für sich reparaturfähige Schiff nicht seetüchtig gemacht werden kann, weil die nötigen Arbeiter nnd Materialien oder Geldmittel fehlen, ferner, wenn die Kosten der Reparatur den Wert des Schiffes fast erreichen würden, — sie umfasst also begrifflich die relative Reparaturunfähigkeit und die Reparaturunwürdigkeit des deutschen Rechts.

In allen diesen Fällen gestattet das französische Recht dem Versicherten den Abandon[4]), ebenso das spanische, portugiesische und italienische Recht, welche ausdrücklich feststetzen, dass die Reparaturkosten drei Viertel des Wertes des Schiffes mindestens erreichen müssen.

Das englische Recht gewährt den Abandon in einem Falle, welcher sich als Reparaturunwürdigkeit charakterisiert.

---

[1]) H. G. B. Art. 881.

[2]) Diese beiden Beschädigungsarten hat man als absolute und relative Reparaturunfähigkeit bezeichnet.

[3]) Vgl. *Desjardins* a. a. O. p. 212 ff.

[4]) Vgl. aber code de comm. art. 389.: „Le délaissemeut à titre d'innavigabilité ne peut être fait, si le navire échoué peut être relevé, réparé et mis en état de continuer sa route pour le lieu de sa destination". — Die police française sur corps bestimmt, dass der Abandon eines Schiffes, welches repariert seinen Bestimmungsort erreicht hat, nicht zulässig ist, selbst wenn die Reparaturkosten dreiviertel des festgestellten Wertes überstiegen.

Würden die Kosten der Reparatur an dem Orte, an welchem sich das beschädigte Schiff befindet, den früheren Wert desselben (ohne Abzug des Unterschiedes zwischen alt und neu) übersteigen, so kann der Versicherte das Schiff abandonnieren.[1])

Gegenüber der Zulassung des Abandons in den Fällen der Seeuntüchtigkeit kann füglich dieselbe Kritik Platz greifen, wie bei den vorher besprochenen Fällen. Den auf Zweckmässigkeit gestützten Einwendungen steht die, die Anwendung des Abandons ausschliessende Thatsache des offenbaren, nicht nur wahrscheinlichen Verlustes gegenüber. Aber es ist nicht einmal zutreffend, dass in diesen Fällen das praktische Bedürfnis für die Annahme des Abandons spricht.[2]) Das deutsche Handelsgesetzbuch berücksichtigt die von den Verfechtern des Abandons geltend gemachten Zweckmässigkeitsgründe, nimmt aber auch das Interesse des Versicherers wahr: dem Versicherten ist Gelegenheit gegeben, sich des für ihn unbrauchbaren Schiffes zu entledigen, aber ohne das Mittel des Abandons.

Ist die Reparaturunfähigkeit oder -unwürdigkeit des Schiffes amtlich festgestellt, so ist der Versicherte berechtigt, dasselbe zu verkaufen.[3]) In diesem Falle besteht der Schaden, welchen der Versicherte zu vergüten hat, in dem Unterschiede zwischen dem Reinerlöse und dem Versicherungswerte. Der Versicherte erhält also die ganze Versicherungssumme, während das Wrack aus seinem Vermögen in das eines anderen übergeht. Deshalb sind manche zu der Ansicht gelangt, der durch den Kapitän bewirkte Verkauf des Schiffes sei sachlich nichts anderes als ein Abandon.[4]) Das Unzutreffende dieser Anschauung erhellt aus der Thatsache, dass das Wrack nicht in das Eigentum des Versicherers übergeht. Und gerade dieser Umstand ist praktisch von der höchsten Be-

---

[1]) *Arnould* a. a. O. p. 938.: If the ship was seaworthy when she sailed, the assured may abandon and recover for a total loss, whenever, by the perils insured against, the ship is so damaged that she cannot be rendered navigable again, exept at a cost greater than her repaired value, and, in estimating such cost, no deduction is to be made for the increased expense of repairs arising from her age or state of decay.

[2]) Vgl. Protokolle S. 3477 ff.

[3]) H. G. B. Art. 877. — Die allgemeinen Seeversicherungsbedingungen von 1867 gestatten dagegen in § 131 den Verkauf des Schiffes nur bei festgestellter Reparaturunfähigkeit. „Wegen Reparaturunwürdigkeit, also namentlich wegen eines Missverhältnisses zwischen dem Betrage der Reparaturkosten und dem Wert des Schiffes, ist der Versicherte nicht befugt, das Schiff für Rechnung des Versicherers zum Verkauf zu bringen."

[4]) Entschdg. des R. O. H. G. XVIII, S. 286. — *Desjardins* a. a. O. p. 216 missversteht die Bestimmung des Art. 877 des deutschen Handelsgesetzbuchs so sehr, dass er den Verkauf des Schiffes geradezu für einen Abandonfall des deutschen Rechtes hält.

deutung. Durch den Abandon wird dem Versicherer mit dem Eigentum die Sorge um die Verwertung des Schiffes aufgezwungen, welche ihm besonders lästig fällt. Es ist für ihn sehr wichtig, dass durch die Bestimmung des Art. 877 H.G.B. diese Sorge ihm nicht erwachsen kann, da er in keine rechtlichen Beziehungen zu dem Schiffe selbst tritt.

Am Schlusse dieses Paragraphen erscheint es noch erforderlich, unsere Ansicht, dass die Seeuntüchtigkeit des Schiffes sich als Partialschaden darstellt, gegenüber der mehrfach vertretenen Meinung zu rechtfertigen, nach welcher hier ein Totalverlust vorliegt.[1])

Dass letztere manches Zutreffende enthält, soll durchaus nicht bestritten werden. Hat nach gesetzlicher Festellung der Reparaturunfähigkeit resp. -unwürdigkeit der Verkauf des Schiffes stattgefunden, so endigt damit die Versicherung [2]), während sie nach Vergütung eines Teilschadens fortzudauern pflegt. Auch können die Vertreter jener Ansicht sich darauf berufen, dass der Art. 858 des deutschen Handelsgesetzbuches einen Totalverlust festellt, wenn der versicherte Gegenstand in seiner ursprünglichen Beschaffenheit zerstört ist; dies sei aber hier der Fall, denn das Wrack diene dem Versicherten eben nicht mehr als Schiff.

Das Gesetz aber, und dieses muss schliesslich ausschlaggebend sein, scheint diese Auffassung nicht zu unterstützen. Die Frage der Entschädigung im Falle der Reparaturunfähigkeit und -unwürdigkeit wird in dem Abschnitt über die Partialverluste (Art 876 ff) behandelt. Diese Stellung ist nichts Zufälliges, sondern die Folge der Auffassung, welche die Handelsgesetzkommission hatte. Der Antrag eines Mitglieds, welcher dahin ging, zu beschliessen, dass bei Reparaturunwürdigkeit des Schiffes ein Totalverlust vorliege, wurde abgelehnt,[3]) damit also ausgesprochen, dass die Kommission nur einen Teilschaden anerkenne.

Der Begriff des Totalverlustes wird nach richtiger Meinung nicht dadurch beeinträchtigt, dass vielleicht einige Trümmer geborgen werden, deren Wert dann von der Versicherungssumme abgezogen wird; aber dieser Begriff kann nicht auch eine Kategorie von Fällen umfassen, in denen niemals die ganze Versicherungssumme gezahlt wird[4]), denn stets repräsentiert das mehr oder minder beschädigte Schiff einen bestimmten Wert.

---

[1]) So *Voigt* a. a. O. S. 640. — *Lewis:* Lehrbuch des Versicherungsrechts S. 240; ders.: Seerecht II, S. 438.

[2]) H. G. B. Art. 877[2].

[3]) Protokolle S. 3366.

[4]) Vgl. Entscheidungen des Obergerichts vom 15. Dezember 1851 und der I. Kammer des Handelsgerichts zn Hamburg vom 9. Juni 1853. Bei *Ullrich:* Sammlung von seerechtlichen Erkenntnissen des Handelsgerichts zu Hamburg, nebst den Entscheidungen der höheren Instanz. S. 86 u. 160.

Beide Ansichten stimmen indessen darin überein, dass man hier nicht einem nur wahrscheinlichen, sondern einem offenbaren, in seiner Wirkung bereits abgeschlossenen Schadensereignisse gegenüber steht. Dies zu zeigen, war unsere Absicht und in diesem Sinne schliessen wir uns den Worten *Voigts* an: „Eine in dem vorgedachten Masse bewirkte Beschädigung eines Schiffes denaturiert dasselbe, bringt mithin den Havariefall unter die Regeln vom Totalverlust, entzieht ihn zugleich dem Bereich des Abandons.“[1])

2. Fälle, in denen der Abandon begründet ist.

§ 4.

a. Verschollenheit des Schiffes.

Im Art. 865 des deutschen Handelsgesetzbuches werden die Fälle, in denen das deutsche Recht einen Abandon zulässt, aufgeführt. An der Spitze steht die Verschollenheit des Schiffes.

Wenn das Schiff nach Ablauf der Zeit, während welcher die Reise gewöhnlich zurückgelegt wird, am Bestimmungsorte nicht angekommen ist und auch von anderen Seeplätzen längere Zeit keine Nachricht über sein Schicksal zum Heimatshafen gelangt ist, scheint die Annahme seines Unterganges unabweislich. Aber dieser ist eben nur wahrscheinlich, denn es ist so wenig möglich, offenbare Beweise für ihn zu erbringen wie für die Existenz des Schiffes. Deshalb würde der Versicherte, wenn die Realisierung seiner Forderung stets nur von dem strikten Verlustbeweise abhängig wäre, im Falle der Verschollenheit die Versicherungssumme sehr lange Zeit entbehren müssen, meistenteils aber dieselbe einbüssen.

Hier endlich ist der Abandon begründet. Fast alle Rechte haben der Notwendigkeit des Abandons bei Verschollenheit des Schiffs Ausdruck gegeben; selbst die Bremischen Seeversicherungsbedingungen, welche, die einseitige Rechtsanschauung des alten hanseatischen Rechts starr festhaltend, den Abandon überhaupt für unzulässig erklären[2]), geben im vorliegenden Falle dem Versicherten das Recht, vom Versicherer die Versicherungssumme zu fordern[3]).

---

[1]) *Voigt* a. a. O. S. 640.

[2]) Versicherungsbedingungen der Bremischen Seeversicherungsgesellschaften. Revidiert 1875. § 65: „Ein eigentlicher Abandon des versicherten Gegenstandes ist nicht zulässig; so lange letzterer ganz oder teilweise, in welchem Zustande er auch sein mag, vorhanden ist, hat der Versicherte für die Erhaltung dessen, was noch einen Geldwert hat, soviel als möglich, sonst aber für dessen Verwertung zu sorgen.“

[3]) Ein Abandon liegt auch hierin nicht; § 67 bestimmt: „Kommt nach bereits geschehener Zahlung der Versicherungssumme seitens des Versicherers der als verloren

Wann aber gilt ein Schiff für verschollen?

Es liegt zwar nahe, in jedem Falle die betreffende einzelne Reise für sich zu berücksichtigen, doch erscheint es als das einzig Zweckmässige, feste Verschollenheitsfristen für eine grössere Gruppe von Reisen bis zu einem bestimmten Entfernungsgrade zu normieren und nicht etwa — wie es in England Rechtens ist — dem Versicherer die Bestimmung darüber zu überlassen, wann nach seinem Ermessen „a reasonable time“ verstrichen ist[1]). Zweifellos werden durch die Festsetzung bestimmter Fristen, welche beide Parteien binden, viele unnötige Prozesse vermieden. In dieser Erwägung haben auch mit Ausnahme des englischen die Rechte aller hier in Betracht kommenden Staaten[2]) bestimmte Verschollenheitsfristen eingeführt, nach deren Ablauf der Abandon dem Versicherten gestattet ist[3]).

Nach dem deutschen Rechte (H. G. B. Art. 866) beträgt die Verschollenheitsfrist:

1. wenn sowohl der Abgangshafen als der Bestimmungshafen ein europäischer Hafen ist, bei Segelschiffen sechs, bei Dampfschiffen vier Monate;
2. wenn entweder nur der Abgangshafen oder nur der Bestimmungshafen ein nicht europäischer Hafen ist, falls derselbe diesseits des Vorgebirges der guten Hoffnung und des Kap Horn belegen ist, bei Segel- und Dampfschiffen neun Monate, falls derselbe jenseits des einen jener Vorgebirge belegen ist, bei Segel- und Dampfschiffen zwölf Monate;
3. wenn sowohl der Abgangs- als der Bestimmungshafen ein nicht europäischer Hafen ist, bei Segel- und Dampfschiffen sechs, neun oder zwölf Monate, je nachdem die Durchschnittsdauer der Reise nicht über zwei oder nicht über drei oder mehr als drei Monate beträgt.

Im Zweifel ist die längere Frist abzuwarten.

Unleugbar liegt in dieser Einteilung viel Willkürliches. So gilt die gleiche Verschollenheitsfrist bei der kürzesten europäischen Reise wie bei der längsten. Doch war dies, sollten die gesetzlichen Bestimmungen nicht in eine Kasuistik ausarten, nicht zu vermeiden.

---

angenommene Gegenstand ganz oder teilweise wieder zu Tage, so hat der Versicherte das empfangene Geld dem Versicherer zurückzuzahlen und dagegen etwaige Ansprüche für partiellen Schaden abzurechnen.“ Das Bremische Recht ist also bei dem Fiktions- bezw. Präsumtionssystem stehen geblieben.

[1]) Vgl. *Voigt* a. a. O. S. 653.

[2]) Das russische Recht kennt den Abandon nicht und ist daher hier überhaupt nicht zu berücksichtigen.

[3]) Vgl. code de comm. art. 375.

In der Kommission hatte ein Mitglied ein System vorgeschlagen, in dem die Fristen nach Reisen von durchschnittlich 40, 80 und mehr Tagen berechnet waren.[1])

Indessen wurde hiergegen mit Recht geltend gemacht, dass „dieser Antrag wegen der Ungewissheit, ob eine Reise in diese oder jene Klasse gehöre, zu den grössten praktischen Unzuträglichkeiten, insbesondere fast in jedem Falle zu einem Prozess und dazu führen würde, dass der Versicherte oft ohne alles Verschulden um sein gutes Recht komme.“

Die Verschollenheitsfrist beginnt mit dem Tage, an welchem das Schiff den Hafen verlassen hat. Dieser Grundsatz, früher nicht durchaus anerkannt [2]), ist jetzt überall geltend.[3]) Hat man jedoch später noch Nachrichten von dem Schiffe erhalten, so wird die Frist „von dem Tage an, bis zu welchem die letzte Nachricht reicht“ [4]), berechnet, und zwar wird derjenige Ort, von welchem jene Nachricht kam, für die Bestimmung der Frist als Ausgangspunkt der Reise angesehen. Ist also z. B. ein von China nach Hamburg bestimmtes Schiff zuletzt in der Nähe der englischen Küste gesehen worden, so läuft von diesem Tage ab nicht die Verschollenheitsfrist von 12, sondern die von 4 resp. 6 Monaten.

Das Gesetz bestimmt[5]), dass die Nachricht den Beteiligten [6]), d. h. Versichertem, Versicherungsnehmer, Versicherer zugekommen sein muss, denn auf deren Handeln wirkt ja die Nachricht ein. Indessen darf dieser Gesetzesausdruck nicht zu eng interpretiert werden. Unzweifelhaft scheint [7]), dass jede glaubwürdige Nachricht, die den Beteiligten zu Gehör kommt, auch ohne an sie direkt gerichtet zu sein, imstande ist, die Verschollenheitsfrist zu unterbrechen, es sei denn, dass es dem Versicherten gelingt, die Grundlosigkeit der Nachricht überzeugend darzuthun.

In früherer Zeit konnte es gelegentlich von Wichtigkeit sein, den Zeitpunkt des Untergangs genau festzustellen. War nämlich im Fall einer Zeitversicherung die in dem Vertrage festgesetzte Zeit vor Ablauf der Verschollenheitsfrist verstrichen, so hing von der Entscheidung der Frage, ob das Schiff noch innerhalb der Vertragszeit untergegangen sei oder erst später, der Erfolg des Anspruchs des Versicherten ab.

---

1) Protokolle S. 3410 f.

2) *Pöhls* a. a. O. S. 614.

3) So code de comm. art. 375. — Italien. H. G. B. Art. 633. — Schwedisches Seegesetz Art. 260.

4) H. G. B. Art. 867.

5) H. G. B. Art. 866.

6) Der code de comm. art. 375 erwähnt nur Nachrichten, welche dem Versicherten zugekommen sind; ebenso Niederländ. H. G. B. Art. 667. Andere Rechte, wie das italienische, portugiesische, schwedische, bezeichnen den Empfänger der Nachricht nicht ausdrücklich.

7) Vgl. *Voigt* a. a. O. S. 653.

Mangels gesetzlicher Vorschriften war hier reichlich Gelegenheit zu Meinungsverschiedenheiten und Prozessen gegeben[1]). Die neueren Gesetzgebungen haben sich bemüht, diese Streitfrage zu beseitigen, freilich auf recht verschiedene Weise.

Nach der Bestimmung des deutschen Handelsgesetzbuchs[2]) gilt die Versicherung als bis zum Ablauf der Verschollenheitsfrist verlängert; demgemäss muss der Versicherte die vereinbarte Zeitprämie bis zu diesem Zeitpunkte entrichten. Dadurch ist die Frage über die Haftung des Versicherers ohne Benachteiligung eines der beiden Kontrahenten entschieden.

Selbstverständlich kann der Versicherte die Verlängerung ausschliessen. Dann zahlt er die Prämie nur bis zu dem ursprünglich festgesetzten Zeitpunkt, hat aber auch keinen Anspruch gegen den Versicherer, wenn das Schiff verschollen ist. Freilich ist ihm theoretisch der Beweis unbenommen, dass der Untergang des Schiffes vor der Beendigung der Versicherung eingetreten ist; in praxi dürfte aber die Erbringung dieses Beweises zu den Unmöglichkeiten gehören.

Das in Dänemark[3]) geltende Recht verfolgt dasselbe Prinzip, nur mit der Modifikation, dass der Versicherte die Verlängerung ausdrücklich verlangen muss. Auch hier verpflichtet nur das Fortbestehen der Versicherung, welche durch die Weiterzahlung der Prämie bedingt wird, den Versicherer zur Zahlung der Versicherungssumme.

Anders der code de commerce[4]) und die demselben nachgebildeten Rechte. Hier ist einfach die Verfügung getroffen, dass im Falle einer Versicherung für bestimmte Zeit nach Ablauf der Verschollenheitsfristen angenommen werden solle, der Verlust des Schiffes sei innerhalb der Versicherungsdauer erfolgt.

In dieser Bestimmung liegt eine grosse Ungerechtigkeit gegen den Versicherer. Man lässt ihn thatsächlich bis zum Ablauf der Verschollenheitsfrist über die Beendigung seiner kontraktlichen Verpflichtung hinaus haften, ohne ihm eine entsprechende Entschädigung zu gewähren.

Indessen ist der Inhalt dieses Artikels des code dem Geiste der übrigen französischen Bestimmungen über den Abandon nicht widersprechend.

---

[1]) Vgl. *Pöhls* a. a. O. S. 615.

[2]) Art. 835 und § 80 der Allg. Seeversich.-Bedingungen; ähnlich Art. 267 des schwed. Seegesetzes.

[3]) Konvention für die Kopenhagener See-Assekuranz-Kompagnie vom 2. April 1850. Art. 106.

[4]) code de comm. art. 376: Dans le cas d'une assurance pour temps limité, après l'expiration des délais établis, comme ci-dessus, pour les voyages ordinaires et pour ceux de long cours, la perte du navire est présumée arrivée dans le temps de l'assurance. — Spanisches H. G. B. Art. 799. Niederländisches H. G. B. Art. 674.

§ 5.

b) Die Fälle des Artikels 865_2 des deutschen Handelsgesetzbuches.

Das deutsche Handelsgesetzbuch gestattet ferner den Abandon in folgenden Fällen[1]):

„Wenn der Gegenstand der Versicherung dadurch bedroht ist, dass das Schiff oder die Güter unter Embargo gelegt, von einer kriegführenden Macht aufgebracht, auf andere Weise durch Verfügung von hoher Hand angehalten oder durch Seeräuber genommen und während einer Frist von sechs, neun oder zwölf Monaten nicht freigegeben sind, je nachdem die Aufbringung, Anhaltung oder Nehmung geschehen ist:

a) in einem europäischen Hafen oder in einem, wenn auch nicht zu Europa gehörenden Teile des Mittelländischen, Schwarzen oder Azowschen Meeres oder

b) in einem anderen Gewässer, jedoch diesseits des Vorgebirges der guten Hoffnung und des Kap Horn oder

c) in einem Gewässer jenseits des einen jener Vorgebirge."

In diesen Fällen ist der versicherte Gegenstand der Verfügung seines Eigentümers entzogen, die Erfüllung des Zwecks der Reise vorläufig unmöglich gemacht. Aber es liegt nicht nur ein Hindernis vor, das, so unangenehm es auch für den Augenblick ist, doch in absehbarer Zeit ohne Zweifel schwinden wird; vielleicht wird es in der That gehoben, eben so gross oder noch grösser ist aber die Wahrscheinlichkeit, dass die Gewalt, welche sich des versicherten Gegenstandes bemächtigt hat, ihn nicht mehr freilassen, sondern dauernd seinem bisherigen Eigentümer entziehen wird. Die Entscheidung, also die Freilassung oder die endgültige Entziehung z. B. durch Condemnation, durch welche der absolute Totalverlust herbeigeführt wird, kann bald erfolgen, kann aber auch sehr lange Zeit hingezögert werden.

Hier sind zweifellos die Bedingungen des Abandons vorhanden: ein wahrscheinlicher, aber noch nicht ganz sicherer Totalverlust und die Ohnmacht des Versicherten, mit eigenen Kräften das gefahrdrohende Hindernis zu beseitigen.

Andere Rechte gewähren den Abandon in diesen Fällen ebenfalls[2]).

Dass auch hier Fristen festgesetzt sind, nach deren Ablauf erst das Recht zum Abandon entsteht, ist in der Natur des Abandons begründet: nicht durch den Akt der Wegnahme oder Anhaltung selbst entsteht schon

---

[1]) H. G. B. Art. 865^2.

[2]) Vgl. code de comm. art. 369 (prise, arrêt); *Arnould* a. a. O. II, p. 919 u. 928 (capture, arrest, detention, embargo).

die Wahrscheinlichkeit des Totalverlustes, sondern erst, nachdem innerhalb gewisser Zeit die Freilassung des versicherten Gegenstandes nicht erfolgt ist, erscheint die Annahme begründet, dass der Verlust ein dauernder sein werde. Auch praktische Erwägungen sind massgebend. Der Versicherer soll gegen einen Versicherten geschützt werden, welcher gern den Anlass einer vorübergehenden Anhaltung benutzen möchte, um sich der hochversicherten Güter zu entledigen; dem Versicherten soll Gelegenheit gegeben werden, zuverlässige Erkundigungen über die Sachlage einzuziehen und kein Mittel unversucht zu lassen, die Freigabe des Versicherungsgutes zu erwirken.

Dementsprechend richtet sich die Dauer der vom Gesetze bestimmten Fristen nach der Entfernung von dem Orte, an welchem die Aufbringung, Anhaltung oder Nehmung stattgefunden hat. Das Gesetz berechnet diese Fristen von dem Tage an, an welchem dem Versicherer der Unfall durch den Versicherten angezeigt worden ist[1]), eine sehr zweckmässige Bestimmung, die den letzteren zu der schnellen Uebersendung der erforderlichen Anzeige veranlasst.

Eine gleiche Verfügung trifft der code de commerce[2]), welcher dem Versicherten ferner die Pflicht auferlegt, die Anzeige von der Beschlagnahme innerhalb dreier Tage nach Empfang der Nachricht zu machen[3]).

Die Thatsache der längere Zeit dauernden Anhaltung genügt aber allein noch nicht, um die Voraussetzung für einen Abandon zu schaffen: vielmehr muss durch die Anhaltung das Versicherungsgut bedroht sein, so dass der völlige Verlust, sei es durch Entziehung, sei es durch Zerstörung, thatsächlich zu befürchten ist, — eine Anschauung, welche in der Kommission ohne Erfolg angefochten wurde.[4])

Besteht nämlich volle Gewissheit darüber, dass das Hindernis zu einer bestimmten, natürlich nicht gar zu fern liegenden Zeit aufgehoben werden wird und ist „bis dahin für die Existenz und den Wertzustand des versicherten Gegenstands nichts zu befürchten", so kann ein Abandon trotz Ablaufs der im Artikel 865_2 bestimmten Frist nicht zugelassen

---

[1]) H. G. B. Art. 866.

[2]) Code de comm. art. 387.

[3]) Nur im Falle der Anhaltung (arrêt) macht das französische Recht den Abandon von dem Ablauf gewisser im art. 387 angegebenen Fristen abhängig. Dagegen kann im Falle der Wegnahme (prise) der Abandon sofort nach Empfang der Nachricht erklärt werden. code de comm. art. 373. Der code scheint in der Wegnahme ein abgeschlossenes Schadensereignis zu sehen. Einige andere Rechte, welche, wie mehrfach bemerkt, von dem im code herrschenden Geiste stark beeinflusst sind, schliessen sich dieser Anschauung aber nicht an, sondern stehen hierin auf dem Standpunkte des deutschen Rechts. Vgl. Italien, H. G. B. Art. 636; Belgisches H. G. B., Buch II, Tit. 7, § 203.

[4]) Protokolle S. 3474 ff.

werden.[1]) Das charakteristische Kennzeichen eines Abandonfalles bildet eben das nur Wahrscheinliche des Verlustes, die Ungewissheit ist seine Lebensbedingung.

Andererseits sind wir der Meinung, dass in gewissen Fällen, besonders bei Wegnahme des Schiffes durch Seeräuber, wo kaum Hoffnung auf Freigabe walten kann [2]), bereits vor Ablauf der gesetzlichen Fristen ein Anspruch des Versicherten auf Auszahlung der vollen Versicherungssumme entstehen kann. Diesem Anspruch liegt nichts im Wege, denn der absolute Totalverlust ist hier bereits eingetreten, braucht also nicht erst durch den Abandon geschaffen zu werden.

Das deutsche Handelsgesetzbuch dagegen behandelt die Wegnahme des Schiffes durch Seeräuber als Abandonfall.

Am Schlusse dieser beiden Paragraphen wollen wir noch bemerken, dass das deutsche Handelsgesetzbuch nur bei den von ihm ausdrücklich angeführten Fällen den Abandon zulässt, und dass es nicht, wie ein Mitglied der Kommission meinte, nur konkrete Fälle habe aufzählen wollen.[3]) Andere Verlustarten, welche in ihrer Wirkung Aehnlichkeit mit unserem Rechtsinstitute haben können, wie z. B. die Preisgebung des stark beschädigten Schiffes durch Kapitän und Mannschaft auf offenem Meere, dürfen nicht als Abandonfälle ausgelegt werden.[4]) Hier liegt, wenn die Verlassung des Schiffes begründet war, einfach Totalverlust vor.[5]) Denn der Untergang des Schiffes ist dann nicht nur wahrscheinlich, sondern geradezu gewiss.

Dem übereinstimmenden Willen der Parteien steht es natürlich immer frei, die gesetzlichen Bestimmungen des Abandons auch auf andere Schadenszustände anzuwenden.[6])

§ 6.

3. Die Abandonfrist.

Der Versicherte, welcher das Recht zum Abandon erlangt hat, macht dasselbe geltend durch die Abandonerklärung, durch welche die Aenderung der Rechtsverhältnisse herbeigeführt wird.

---

1) Ist der versicherte Gegenstand durch den Eingriff der hemmenden Macht nicht direkt betroffen, sind z. B. die auf einem angehaltenen oder genommenen Schiffe befindlichen Güter verschont geblieben, so liegt natürlich für den Abandon derselben durchaus kein Rechtsgrund vor.

2) Vgl. Protokolle S. 3356. — *Lewis:* Seerecht II, S. 448.

3) Protokolle S. 3474.

4) Aber Abandonfall nach dänischem Rechte. Dänische Konvention Art. 168, Nr. 3.

5) Entschdg. des Hanseatischen O. L. G. vom 30. Januar 1885 (im Hauptblatt zur Hanseatischen Gerichtszeitung. Sechster Jahrgang 1885.)

6) Entscheidung des R. O. H. G. XXVI, S. 396.

Die Ausübung dieses Rechtes steht dem Versicherten aber nicht auf unbeschränkte Zeit zu, sondern ist an eine bestimmte Frist, die sogenannte Abandonfrist, gebunden.

Das deutsche Handelsgesetzbuch setzt die Länge dieser Frist folgendermassen fest [1]):

> „Die Abandonfrist beträgt sechs Monate, wenn im Falle der Verschollenheit (Art. 865 Ziffer 1) der Bestimmungshafen ein europäischer Hafen ist, und wenn im Falle der Aufbringung, Anhaltung oder -Nehmung (Art. 865 Ziffer 2) der Unfall in einem europäischen Meere oder in einem, wenn auch nicht zu Europa gehörenden Teile des Mittelländischen, Schwarzen oder Azowschen Meeres sich zugetragen hat. In den übrigen Fällen beträgt die Abandonfrist neun Monate. Die Abandonfrist beginnt mit dem Ablaufe der in den Art. 865 und 866 bezeichneten Fristen."

Hat der Versicherte diese Fristen unbenutzt verstreichen lassen, so ist der Abandon nicht mehr statthaft. Das Recht, das ihm entstanden war, ist mit Ablauf der Abandonfrist erloschen.

Eine Ausnahme von dieser Bestimmung kann auch nicht darin gefunden werden, dass der Versicherte im Falle der Verschollenheit selbst nach Ablauf der Frist den Ersatz des Totalschadens verlangen kann.[2]) Diese Einräumung, die sich nur als ein Akt der Gerechtigkeit darstellt, war unabweislich. Die Verzichtleistung auf das Recht des Abandons nimmt dem Versicherten selbstverständlich nicht das Recht, „nach Massgabe der sonstigen Grundsätze Vergütung eines Schadens in Anspruch zu nehmen." [3]) Im Falle der Verschollenheit wird der Versicherte aber meistenteils nicht imstande sein, die Existenz des Schadens klar nachzuweisen. Deshalb würde er ohne die humane Bestimmung des Art. 869 jeglicher Entschädigung verlustig gehen. Ein Abandon liegt hier aber nicht vor. Denn der Versicherte muss, „falls die versicherte Sache wieder zum Vorschein kommt und sich dabei ergiebt, dass ein Totalverlust nicht vorliegt, auf Verlangen des Versicherers gegen Verzicht auf die infolge der Zahlung der Versicherungssumme ihm zustehenden Rechte die Versicherungssumme erstatten und mit dem Ersatze eines etwa erlittenen Partialschadens sich begnügen." [4]) Ein definitiver Uebergang der Rechte an dem Versicherungsgut auf den Versicherer — das Eigentümliche des Abandons — hat also nicht stattgefunden.

Dem Rückversicherten ist vom Gesetze die gleiche Abandonfrist

---

[1]) H. G. B. Art. 868.

[2]) H. G. B. Art. 869 [2]; so auch schwedisches Seegesetz, Art. 263.

[3]) H. G. B. Art. 869 [1].

[4]) H. G. B. Art. 869 [2].

eingeräumt worden und zwar beginnt diese mit dem Ablaufe des Tages, an welchem ihm der Abandon von dem Versicherten erklärt worden ist.[1])

Die Normierung von Fristen hat immer etwas Missliches. Es lässt sich nicht leugnen, dass oft eine mehr oder minder willkürliche Annahme sie diktiert. Das zeigt sich schon darin, dass Fristen, welche denselben Zweck verfolgen, in den verschiedenen Rechten oft sehr verschieden bemessen sind. Die Zweckmässigkeit ihrer Existenz muss jedenfalls einleuchtend sein.

Voigt stellt das Bedürfnis einer Abandonfrist überhaupt in Abrede.[2]) Mit Unrecht. Das Recht zum Abandon bietet dem Versicherten, sobald es entstanden ist, nicht die einzige Handhabe, sich Vergütung des Schadens zu verschaffen; der Abandon kann ihm nie aufgezwungen werden, sondern es bleibt ihm unbenommen, nach den sonstigen Prinzipien des Versicherungsrechtes Schadensersatz zu verlangen, wenn er sich hiervon grösseren Vorteil verspricht. Die Dauer dieses Wahlrechts kann aber nicht unbeschränkt sein. Der Abandon ist eine Notwendigkeit, bleibt aber nichts weniger eine Ausnahme im Gebiete des Versicherungsrechts. Giebt das Gesetz dem Versicherten eine derartiges Ausnahmerecht in die Hand, so muss es darüber wachen, dass nicht dieses Mittel, welches geschaffen ist, von dem Versicherten Schaden abzuwenden, dazu gemissbraucht wird, dem Versicherer Schaden zuzufügen. Der ehrliche Mann wird Voigt, welcher auf schnelle Erklärung des Abandons hindrängt, keine Verlegenheit verursachen. Wie aber will Voigt, wenn keine Abandonfrist besteht, den böswilligen Versicherten, „der auf die Gefahr des Versicherers auf die Zukunft spekuliert und die Geltendmachung seines Wahlrechts zu diesem Zwecke verzögert“ [3]), zur schnellen Erklärung zwingen? [4])

Das Interesse des Versicherers verlangt dieselbe aber gebieterisch. Ist der Zeitpunkt herangekommen, welcher dem Versicherten das Recht zur Erklärung des Abandons giebt, so muss es für den Versicherer von der grössten Wichtigkeit sein, schnell völlige Gewissheit über das Vorhaben seines Kontrahenten zu gewinnen. Er kann dem Versicherten nicht verwehren, sein Recht geltend zu machen; aber diese Geltendmachung bürdet ihm beschwerliche Lasten auf. Daher wünscht er bald

---

[1]) So auch Belgisches H. G. B. Buch II, Tit. 7, Art. 205. Dagegen räumt das französische Recht dem Rückversicherten keine besondere Abandonfrist ein.

[2]) *Voigt* a. a. O. S. 657.

[3]) Vgl. Protokolle S. 3429.

[4]) Die Erkenntnis der Gefahren, welche aus der unbeschränkten Wahlfreiheit des Versicherten dem Versicherer erwachsen können, führte schon früh zur Normierung fester Abandonfristen. S. Ordonnance von *Burgos* vom 15. September 1538. *Pardessus* a. a. O. VI, p. 157. *Reatz* a. a. O. S. 263.

den Tag verstreichen zu sehen, nach welchem er keine Abandonerklärung mehr zu befürchten hat.

In der Kommission wurde die Behauptung aufgestellt,[1]) dass die Verzögerung der Abandonerklärung dem Versicherer eigentlich Vorteil bringe, denn, je länger der Versicherte mit der Geltendmachung seiner Entschädigungsansprüche warte, desto länger könne der Versicherer die Entschädigungssumme zu seinem Nutzen verwenden.

Dieser Einwurf ist verfehlt. Führt man den Gedanken konsequent weiter, d. h. verlängert man, scheinbar zu Gunsten des Versicherers, die Abandonfrist, so kommt man schliesslich auch zur Wegschaffung jeglicher Abandonfrist, — allerdings von einem Standpunkt aus, welcher der Stellung *Voigt's* grade entgegengesetzt ist — und man ist bei der Ermöglichung der Gefahren angelangt, welche durch die Einführung der Abandonfrist vermieden werden sollen.

Eine Abandonfrist ist also sicher notwendig; nur scheint es zweifelhaft, ob sie die Ausdehnungen haben muss, welche ihr der Art. 868 des deutschen Handelsgesetzbuches verleiht.

Gegen Ende der reichlich genug bemessenen Frist, nach deren Ablauf im Falle der Nehmung oder Anhaltung der Versicherte erst abandonnieren darf, wird er hinreichende Klarheit gewonnen haben, welche Hoffnungen auf Freilassung der angehaltenen Güter er zu hegen berechtigt ist und wird mit Berücksichtigung der Höhe der Versicherungssumme und aller begleitenden Umstände zur Erkenntnis gekommen sein, ob Abandon oder Abwarten das für ihn Zweckmässige ist; für ihn ist also eine lange Abandonfrist kein wesentliches Bedürfnis. Im Falle der Verschollenheit wird der Versicherte noch leichter zum Entschlusse geführt werden. Die allzu grosse Ausdehnung der Abandonfrist hat aber ebenso wenig Bedeutung wie deren verschiedene Bemessung. Denn die notwendige Berücksichtigung der grösseren Entfernung und der sich hieraus ergebenden Schwierigkeit, die Sachlage zu erkennen, ist in der verschiedenen Bemessung der Fristen, nach deren Ablauf das Recht zum Abandon erst entsteht, bereits gewahrt. Daher wäre es zweckmässiger gewesen, den Art. 747 der Vorlage,[2]) welcher eine einheitliche Frist von drei Monaten festsetzte, anzunehmen.

Das französische Recht hat drei Abandonfristen von sechs, zwölf und achtzehn Monaten festgesetzt.[3]) Diese verschiedenartige Normierung ist nun allerdings zutreffend für die Unfälle, nach deren Kenntnisnahme das Recht zum Abandon bereits entstanden ist und daher die Abandon-

---

[1]) Protokolle S. 3430.

[2]) Protokolle S. 3420.

[3]) Code de comm. art. 373.

frist sogleich beginnt. Der Versicherte weiss, dass das versicherte Gut beschädigt ist, aber die Grösse des Schadens kennt er noch nicht genau; um sich diese Kenntnis zu verschaffen, die seinen Entschluss bedingt, bedarf er einer längeren Frist, die natürlich auch der Entfernung des Ortes, an welchem sich das Versicherungsgut befindet, entsprechen muss.

Die Rechte fast aller europäischen Staaten haben ebenfalls bestimmte Abandonfristen eingeführt.[1]) Das englische Recht indessen, welches überhaupt grosse Abneigung gegen die Normierung fester Fristen zeigt, macht auch hier eine Ausnahme. Hat der Versicherte Nachricht von einem Unfalle erhalten, der ihn zum Abandon berechtigt, so soll er dem Versicherer seine Absicht „within a reasonable time" mitteilen.[2]) Der Ausdruck „reasonable" ist aber sehr verschiedener Interpretation fähig. *Arnould* meint: „According to the cases a reasonable time for this purpose depends in some degree upon the certainty of the news of the disaster and upon the nature of the casualty itself."[3]) Danach sollen Fälle, die, wie Nehmung und Anhaltung, sich sofort als konstruktiver Totalverlust darstellen, den Versicherten zur sofortigen Abandonerklärung verpflichten, während bei anderen Unfällen, wie Strandung und Beschädigung verderblicher Waaren, deren Weitertransport verhindert ist, dem Versicherten noch eine gewisse Zeit — a reasonable time — für die Erforschung der Sachlage gewährt wird.[4]) Zuweilen aber mag der Versicherte meinen, die Erklärung rechtzeitig abgegeben zu haben, doch sein Unglück will, dass der entscheidende Richter über „a reasonable time" anderer Ansicht ist. Ist es doch vorgekommen, dass ein fünf Tage nach erhaltener Nachricht von dem Unfalle angezeigter Abandon vom Richter für verspätet erachtet wurde.[5])

§ 7.

4. Die Abandonerklärung.

Die Erklärung des Versicherten ist nicht eine Mitteilung an den Versicherer, dass er die Absicht hege, die Schadensangelegenheit durch das radikale Mittel des Abandons zu regeln, sondern dass er auf Grund der gesetzlichen Bestimmungen diese Regelung vorgenommen habe. Die

---

[1]) Belgisches H. G. B. Buch II, Tit. 7, Art. 203. — Italien: H. G. B. Art. 637. — Schwedisches Seegesetz Art. 262. — Portugies. H. G. B. Art. 1796, 1797 u. s. w.

[2]) Vgl. *Arnould* a. a. O. II p. 853.

[3]) *Arnould* a. a. O. II, p. 854.

[4]) *Arnould* a. a. O. ibid.

[5]) *v. Duhn:* „Mittheilungen über eine im Werk befindliche Revision des französischen Seerechts." In *Goldschmidts* Zeitschrift für das gesammte Handelsrecht. Bd. 14, S. 206.

Abandonerklärung hat nach deutschem Recht durch sich allein die Kraft, die Wirkungen, deren der Abandon fähig ist, hervorzurufen. Das Accept des Versicherers ist überflüssig; erteilt er dasselbe, so spricht er damit nur aus, dass er nicht die Absicht habe, die Rechtsmässigkeit des durch den Versicherten thatsächlich geschaffenen Zustandes zu bestreiten. Die Abandonerklärung ist also ein einseitiger Akt des Versicherten. Die rechtliche Natur der Abandonerklärung im deutschen Recht tritt aus der Fassung des Gesetzes und aus den in den Protokollen [1]) niedergelegten Ausführungen so zweifellos klar hervor, dass es unverständlich erscheint, wie *Voigt* zu der Ansicht gelangen konnte, dass jede Abandonnierung die von dem Versicherer erteilte Erklärung voraussetze, die gefährdete Angelegenheit in der derzeitigen Lage übernehmen zu wollen [2]) und dass durch die erfolgte Annahme „zu dem Versicherungsvertrage ein neues zwischen den Versicherungskontrahenten zu Stande kommendes Rechtsgeschäft hinzutrete [3]).“ Das ist eine Anschauung, welche der Abandonerklärung im deutschen Rechte durchaus eine andere Gestalt geben möchte, als ihr thatsächlich im Gesetze verliehen worden ist. Die versuchte Begründung derselben — falls überhaupt von einer solchen gesprochen werden kann, — fusst natürlich auf dem Irrtum, welcher den Autor dieses Gedankens beherrscht. *Voigt* erklärt nämlich: „dass diese Zustimmung (sc. des Versicherers) nötigenfalls erzwungen werden kann, hebt die Zweiseitigkeit des Aktes nicht auf [4]).“ Diese Behauptung ist unhaltbar. Weigert sich der Versicherer, die Rechtmässigkeit des ihm erklärten Abandons anzuerkennen, so wird durch das ihm ungünstige Urteil des Richters nicht seine Zustimmung erzwungen, da dieselbe garnicht erforderlich ist, sondern seine bestrittene Verpflichtung zur Zahlung ausgesprochen.

Das Rechtsverhältnis, welches *Voigt* irrtümlich in das deutsche Recht tragen möchte, besteht thatsächlich im französischen. Die Worte des Art. 385 des code de commerce: „Le délaissement signifié et accepté ou jugé valable, les effets assurés appartiennent à l'assureur,“ sagen deutlich, dass erst durch das Accept des Versicherers die Wirkungen des Abandons eintreten können. Daher sagt *Desjardins* mit Recht: „Jusqu' à l' acception, le délaissement n'est, pour ainsi dire, qu' à l' état de projet [5]).“ Im

---

1) Vgl. Protokolle S. 3439, 3444, 3463.

2) *Voigt* a. a. O. S. 649.

3) *Voigt* a. a. O. S. 659. Diese Ansicht wurde übrigens auch in der Kommission von einem Mitgliede vertreten, aber sofort zurückgewiesen. Vgl. Protokolle S. 3444.

4) *Voigt* a. a. O. S. 649.

5) *Desjardins* a. a. O. p. 331.

französischen Rechte ist also der Abandon ein zweiseitiger Akt[1]." Ebenso im englischen Rechte.[2][3])

Da der Abandon im deutschen Rechte einen unabänderlichen Rechtszustand schafft, entstammt die Vorschrift des Gesetzes, dass die Abandonerklärung, um gültig zu sein, ohne Vorbehalt oder Bedingung erfolgen muss und unwiderruflich ist[4]), seinem eigentlichsten Wesen[5])[6]).

Im französischen wie im englischen Rechte ist der Abandon erst dann unwiderruflich, wenn er angenommen oder durch Urteil für gültig erklärt worden ist[7]).

Zwar ist behauptet worden, dass auch im französischen Rechte der Versicherte schon durch die Erklärung des Abandons gebunden sei[8]). Diese Ansicht ist aber nicht zutreffend, da hier eben nicht durch die Erklärung, sondern erst durch die Annahme die Wirkung des Abandons eintritt. Daher steht dem Versicherten bis zum Zeitpunkte der Annahme der Widerruf frei.

Der Abandon kann nur stattfinden, wenn der gänzliche Verlust des versicherten Gutes wahrscheinlich ist; daher muss er sich auch auf den ganzen versicherten Gegenstand erstrecken[9]).

---

1) Vgl. auch Belgisches H. G. B. II, Tit. 7, Art. 216. — Italienisches H. G. B. Art. 640. — Spanisches H. G. B. Art. 803.

2) *Arnould* a. a. O. II, p. 859.

3) Eine bestimmte Form für die Erklärung des Abandons ist im Allgemeinen nicht vorgeschrieben, ebenso wenig für die Annahme, wo diese erfordert wird. Der Norwegische Seeversicherungsplan von 1881 verlangt schriftliche Erklärung. Besondere Vorschriften gab auch das Allgemeine Landrecht; II, 8. § 2322.

4) H. G. B. Art. 870[1] und [3].

5) Eine Ausnahme von dem Satze, dass die Abandonerklärung unwiderruflich ist, kann auch dann nicht zugelassen werden, wenn der Versicherte, nachdem der Versicherer sich geweigert hat, die Rechtmässigkeit der Erklärung anzuerkennen, nun selbst es für zweckmässiger hält, Schadensersatz auf andere Weise als durch den Abandon zu fordern. Der Abandon kann nicht rückgängig gemacht werden. Thatsächlich hat jetzt aber der Versicherte, — so lange der Versicherer bei seiner Weigerung beharrt — die Wahl, ob er Letzteren zur Unterwerfung unter die rechtlichen Folgen des Abandons zwingen will oder es vorzieht, die Entscheidung über das Schicksal der gefährdeten Sache abzuwarten und dann event. den Ersatz eines Partialschadens zu fordern.

6) *Voigt* wird durch seine fehlerhafte Auffassung von der Natur der Abandonerklärung ganz folgerichtig zu dem unrichtigen Ergebnis geführt, dass „die Unwiderruflichkeit der Abandonerklärung die bereits erfolgte Annahme seitens des Versicherers voraussetze." Nach ihm könnte also der Versicherte vor dem Accept des Versicherers die Abandonerklärung widerrufen. Das ist aber nach deutschem Recht unmöglich.

7) *Desjardins* a. a. O. p. 170 — *Cauvet* a. a. O. II, p. 452. — *Arnould* a. a. O. II, p. 858, 860.

8) So *Bouley-Paty* und arrêt de la Cour de Rennes du 26. juillet 1819 bei *Desjardins* a. a. O. p. 169.

9) H. G. B. Art. 870. So auch code de comm. art. 372. — Italien. H. G. B.

Es fragt sich, was in Beziehung auf den Abandon unter dem „ganzen“ Gegenstand der Versicherung zu verstehen ist.

Dass mehrere Gegenstände in einer Police aufgeführt sind, entscheidet noch nicht für deren Zugehörigkeit zu einer Versicherung. Sind nämlich für die einzelnen Güter — welche natürlich deutlich von einander unterscheidbar sein müssen — besondere Taxen festgesetzt, so gelten diese besonders taxierten Gegenstände als besonders versichert[1]). Daher kann vorkommenden Falles der einzelne Gegenstand ohne die in derselben Urkunde genannten Güter gegen Forderung der für ihn vereinbarten Versicherungssumme abandonniert werden.

Dagegen ist es möglich, dass trotz der vorhandenen Mehrheit von Policen nur eine alle versicherten Güter als einen Versicherungsgegenstand umfassende Versicherung vorliegt, wenn nämlich die zweite Police nur die Ergänzung des bestehenden Versicherungsvertrages bildet.

Ist für verschiedene Gegenstände eine einzige Taxe vereinbart, so müssen diese zusammen abandonniert werden[2])

Aus der Natur des Abandons folgt ferner, dass der Versicherte nicht verpflichtet sein kann, den Teil des Versicherungsgutes, welcher zur Zeit des Unfalles den Gefahren der See nicht mehr ausgesetzt war, zu abandonnieren[3]). Denn bezüglich dieses Teiles fehlt die wesentliche Voraussetzung des Abandons, die Wahrscheinlichkeit des Verlustes.

Im Falle einer Partialversicherung ist der Versicherte nur den verhältnismässigen Teil der versicherten Sache zu abandonnieren verpflichtet[4]), denn nur dieser Teil ist Gegenstand der Versicherung gewesen. Selbstverständlich muss die Absicht einer Partialversicherung gleich beim Abschlusse des Vertrages kund gegeben sein; im anderen Falle kann der Versicherte sich nicht weigern, das ganze Versicherungsgut unter der

---

Art. 639. — Schwed. Seegesetz Art. 264. — Englisches Recht (*Arnould* a. a. O. II, p. 847: Abandonment must be entire) u. s. w. Die Dänische Konvention hat dagegen die alleinstehende Bestimmung, dass ein Teil des versicherten Gegenstandes gegen Zahlung des entsprechenden Teiles der Versicherungssumme abandonniert werden kann, wenn hinsichtlich dieses Teiles die zum Abandon berechtigenden Umstände vorhanden sind. Art. 175.

1) H. G. B. Art. 798.

2) Vgl. hierüber *Lewis:* Seerecht II, S. 455. — *Pöhls* a. a. O. S. 603. — *Emérigon-Boulay-Paty.* II, p. 249, 251. — *Desjardins* a. a. O. p. 291.

3) H. G. B. Art. 870[1]; ebenso code de comm. art. 372. — Belgisches H. G. B. Buch II, Tit. 7, Art. 202. — Italien. H. G. B. Art. 639. — Portugies. H. G. B. Art. 1803. — Schwedisches Seegesetz, Art. 264.

4) H. G. B. Art. 870[2]; vgl. Niederl. H. G. B. Art. 677; Schwedisches Seegesetz Art. 264. Die entgegengesetzte Ansicht betont ausdrücklich das Allgemeine Landrecht, §§ 2324, 2329 II, 8.

Behauptung, dass es nicht zum vollen Werte versichert war, zu abandonnieren.

Voraussetzung des Abandons ist, wie dargelegt, eine ganz bestimmte Sachlage, deren Fortdauer während einer festgesetzten Frist zumeist verlangt wird. Ist die Voraussetzung falsch, bestätigen sich also die Thatsachen nicht, auf Grund deren die Abandonerklärung gegeben wurde, so ist dieselbe nichtig, unwirksam, denn das Recht, welches durch sie in Wirkung treten sollte, ist überhaupt nicht entstanden[1]).

Aber selbst das wirklich entstandene Recht — abgesehen von dem Fall, dass der Versicherte die Abandonfrist unbenutzt verstreichen lässt, — kann wieder entschwinden. Verändert sich die Sachlage, aus welcher das Recht zum Abandon erwuchs, so sehr, dass nunmehr keine den Abandon begründenden Thatsachen vorliegen, so muss folgerichtig diese Veränderung auch das bereits entstandene Recht berühren. Das Interesse des Versicherers macht diese Forderung geltend, während andererseits der Versicherte nach Sicherung seines Rechtes strebt. Die hierdurch entstehenden Streitfragen kann nur das Gesetz durch Festlegung des Zeitpunktes beseitigen, nach dessen Eintritt eine Veränderung der Sachlage das entstandene Recht zum Abandon nicht mehr berühren kann.

Diesen Moment hat das deutsche Handelsgesetzbuch klar fixiert. Die Wirkung, deren der Abandon fähig ist, tritt mit der Abandonerklärung ein; daher macht das Gesetz die Gültigkeit derselben davon abhängig, dass die Thatsachen, auf welche sie gestützt wird, zur Zeit der Mitteilung derselben noch bestehen. „Dagegen bleibt sie für beide Teile verbindlich, wenn auch später Umstände sich ereignen, deren früherer Eintritt das Recht zum Abandon ausgeschlossen haben würde[2]).“

Die gleiche Bestimmung gilt im Rechte der nordamerikanischen Staaten[3]).

Das englische Recht ist zu einem anderen Zeitpunkte gelangt: entscheidend für die Frage, ob das Recht zum Abandon vorhanden oder

---

[1]) H. G. B. Art. 871. Vgl. bezüglich des französischen Rechtes *Desjardins* a. a. O. p. 334: „Le délaissement, même accepté, ne produit aucun effet s'il a été fait ou accepté par erreur;“ und in Betreff des englischen Rechtes *Arnould* a. a. O. II, p. 915. „Of course, if it turns out that the intelligence upon which the assured acted, in giving notice of abandonment, was totally false and unfounded, the notice of abandonment is entirely inoperative, in fact, is a mere nullity.“

[2]) H. G. B. Art. 871. Ebenso schwedisches Seegesetz Art. 264.

[3]) The facts, as they exist at the time when a notice of abandonment is given, must be such as to justify it; but if they be so, then the rule is that an abandonment once rightfully made is binding and conclusive between the parties, and the rights flowing from it become vested rights and are not to be devested by any subsequent events. *Arnould* a. a. O. II, p. 918.

nicht, ist die Sachlage zur Zeit der Anstellung der Klage[1]). Diese Doktrin gründet sich auf die Erwägung, dass im englischen Rechte die Abandonerklärung allein noch nicht die Wirkungen des Abandons eintreten lässt. Doch scheint sicher, dass ein durch Accept gültig zu Stande gekommener Abandon durch spätere Veränderung nicht mehr alteriert werden kann.

Gegenüber diesen den Zeitpunkt klar festlegenden Rechten krankt das französische Recht an Unbestimmtheit: Der code de commerce bestimmt in Art. 360 nur die Fälle, deren Eintritt das Recht zum Abandon entstehen lässt, ohne die Möglichkeit der Aenderung der Sachlage in Erwägung zu ziehen. Die Folge ist ein lebhafter Meinungsstreit der französischen Schriftsteller.

Nur drei Ansichten sind möglich; alle drei haben ihre Vertreter gefunden.

Ein Teil der französischen Juristen folgert aus der eben erwähnten Unterlassungssünde des code, dass das einmal erworbene Recht zum Abandon unzerstörbar sei. Das Recht zum Abandon entsteht aber nach französischem Rechte mit dem Moment des Unfalles, nur im Falle des arrêt erwächst dasselbe erst nach Ablauf der im Art. 387 festgesetzten Fristen. Diese Ansicht war bisher die herrschende. Die Frage wird am ehesten akut bei solchen Unfällen, deren Wirkung am leichtesten wieder gehoben werden kann, vornehmlich bei der Nehmung des Schiffes (prise); daher ist sie bezüglich dieses Falles am häufigsten erörtert worden.

Desjardins fragt: „Enfin est-ce que l'article 373 ne confère pas à l'assuré d'une manière absolue, en cas de prise, la faculté de délaisser, dans les six mois de la réception de la nouvelle de la conduite du navire?“[2]) Das ist freilich unbedingt zuzugeben, aber der Schluss, dass dies Recht durch eine Veränderung der Sachlage nicht berührt werden könne, ist willkürlich und fehlerhaft. Seine Unrichtigkeit wird durch die Konsequenzen ersichtlich.

Angenommen, der Versicherte, dessen Schiff genommen worden ist, erfährt vor der Abandonerklärung, dass dasselbe zurückerobert oder freigelassen sei; nach der in Frankreich herrschenden Ansicht kann er dennoch abandonnieren, obwohl er weiss, dass der Totalverlust des Schiffes, das er ja zurückerhalten hat, nicht mehr wahrscheinlich, sondern aus-

---

[1]) But even though the intelligence may have been true, and the state of things at the time the notice was given, such as to justify its being given, yet the undoubted doctrine of the English law is, that the right of the assured, after having given such notice to recover as for a total loss, depends entirely on the state of things as they exist at the time of action brought. *Arnould* a. a. O. II, p. 916.

[2]) *Desjardins* a. a. O. p. 180; vgl. *Cauvet* a. a. O. II, p. 289. *Droz* a. a. O. II, p. 237.

geschlossen ist, obwohl also eine Sachlage besteht, welche kein Recht zum Abandon begründet. Das ist wider Sinn und Recht.

Nach der zweiten von *Boistel* vertretenen Ansicht müssen die den Abandon rechtfertigenden Thatsachen noch zur Zeit der Abandonerklärung bestehen. Es ist durchaus verständlich, wenn der Zeitpunkt für entscheidend gehalten wird, in welchem das erworbene Recht ausgeübt wird, aber gerechtfertigt ist auch die dritte von *Laurin, Lyon-Caen, Renault* und anderen[1]) geltend gemachte Ansicht, welche nur derjenigen Sachlage Berücksichtigung schenken will, welche im Moment des Accepts oder des diesem gleichgestellten Richterspruchs besteht. Denn erst hierdurch werde der zweiseitige Vertrag, als welcher sich der Abandon darstelle, geschlossen; jede vor diesem Zeitpunkte eintretende Veränderung, welche die Voraussetzung des Abandons beseitige, verhindere daher den Abandon.

Eine einheitliche Ansicht kann hier nur das Gesetz durch den klaren Ausdruck seines Willens schaffen; Klarheit ist aber die allgemeine Signatur der französischen Gesetzgebung über den Abandon nicht[2]).

Die Betrachtung der Bestimmungen des code de commerce hinsichtlich der Fracht beim Abandon wird Gelegenheit geben, diese Wahrnehmung wiederum zu machen.

---

[1]) Vgl. *Desjardins* a. a. O., p. 180.

[2]) Die deutschen Schriftsteller, welche dieser Frage näher getreten sind, kommen auch zu verschiedenem Ergebnis. *Voigt* („Rechtsfall über zwei assekuranzrechtliche Fragen" im Neuen Archiv für Handelsrecht, herausgegeben von *J. V. Voigt* und *H. G. Heineken,* Band 3, S. 390 ff.) hält die Doktrin der in Frankreich herrschenden Ansicht für das thatsächliche Recht des code; er bekämpft daher nicht die Ansicht als solche, sondern das französische Recht. Dagegen meint *Lewis,* (das deutsche Seerecht, 2. Auflage 1884, II, S. 456) dass das französische Recht mit dem deutschen Handelsgesetzbuch übereinstimme. Das ist aber nicht der Fall, wie wir gezeigt haben. Die sich mit der Bestimmung des deutschen Gesetzes deckende Ansicht von *Boistel* ist nur eine der verschiedenen durch das Schweigen des code hervorgerufenen Meinungen. Der Art. 385 des code de commerce, auf welchen *Lewis* sich beruft, handelt von dem Moment des Eigentumsübergangs, passt also nicht hierher.

Zweiter Teil.

Wirkung des Abandons.

§ 8.

1. Allgemeine Charakteristik der Wirkung und Zeit ihres Eintritts.

Die Wirkung des Abandons äussert sich in dem Entstehen des Anspruchs des Versicherten auf Zahlung der vollen Versicherungssumme und in der Abtretung aller Rechte, welche der Versicherte an der versicherten Sache hatte, an den Versicherer.

Die erste Seite der Rechtsfigur des Abandons erregt kein weiteres rechtliches Interesse; desto mehr die zweite. Das Vermögensbild wird verschoben; der Uebergang des Eigentums an der versicherten Sache vollzieht sich, beeinflusst durch die Natur eben dieser versicherten Sache. Der Versicherer wird als Eigentümer derselben in rechtliche Beziehung zu dritten Personen geführt, welche in einem rechtlichen Verhältnisse zu ihr stehen.

Mit dem Momente des Eigentumsübergangs tritt der Versicherer vollkommen an die Stelle des Versicherten; daher ist es geboten, diesen Zeitpunkt genau festzustellen. Die Worte des deutschen Handelsgesetzbuchs [1]: „durch die Abandonerklärung gehen auf den Versicherer alle Rechte über, welche dem Versicherten in Ansehung des abandonnierten Gegenstandes zustanden", präzisieren den Standpunkt des deutschen Rechtes: der Moment der Abandonerklärung ist zugleich der Zeitpunkt der Eigentumsübertragung.

Im englischen Rechte fallen diese Momente nicht zusammen. Der Abandon wird erst wirksam mit dem Accept oder dem dasselbe ersetzenden Urteil, die Wirkung des gültig zu stande gekommenen Abandons.

---

[1]) H. G. B. Art. 872.

also der Uebergang des Eigentums wird aber auf den Augenblick des das Recht zum Abandon begründenden Unfalles zurückbezogen.[1])

Die Rechte der übrigen Staaten lassen den Uebergang des Eigentums meist am Tage der Abandonerklärung [2]) oder mit dem Moment des Accepts resp. der Gültigkeitserklärung [3]) eintreten.

In Frankreich hat auch diese Frage lebhaften Streit erregt; auch hinsichtlich dieses Punktes hat sich die juristische Welt in drei Lager gespalten. Zwar sollte man meinen, dass die klaren Worte des code des commerce einen Zweifel an ihrem Inhalt gar nicht entstehen lassen könnten. Der Artikel 385 erklärt: „Le délaissement signifié et accepté ou jugé valable, les effets assurés appartiennent à l'assureur à partir de l'époque du délaissement.“ [4])

„Délaissement“ bedeutet hier die Abandonerklärung, nicht den zu stande gekommenen Abandon; sonst wären die Worte: „à partir de l'époque du délaissement“ überflüssig. Der code zieht also die Wirkung des gültigen Abandons auf den Tag der Abandonerklärung zurück.

Eine Reihe französischer Juristen, wie *Laurin, Valroger, Boulay-Paty,*[5]) haben die Bestimmung des code nach ihrem Wortlaute, der nur diesen Sinn ergeben kann, gedeutet. Dass Andere versucht sein konnten, aus dieser Gesetzesstelle eine andere Bedeutung zu interpretieren, ist allerdings Schuld des code selbst. Der Artikel 386, welcher uns im nächsten Paragraphen näher beschäftigen wird, überwies dem Versicherer des Schiffes, welchem dasselbe abandonniert war, zugleich die ganze Fracht. Diejenigen dachten daher insoweit ganz folgerichtig, welche erklärten: „le délaissement a un effet rétroactif au moment du risque commencé.“[6]) Denn sie vermochten sonst den Anspruch des Kaskoversicherers auf die ganze Fracht nicht zu begründen.[7]) So versuchten sie den thatsächlichen Widerspruch, der zwischen den Artikeln 385 und 386

---

[1]) An abandonment, if effectual, clothes the abandonee with all the rights of ownership from the moment of the loss that gave the right to abandon and substitutes him from that time in the place of the assured. *Aronuld* a. a. O. II, p. 971.

[2]) Belgisches H. G. B. Buch II, Tit. 7, Art. 216. — Niederländisches H. G. B. Art. 678. — Portugiesisches H. G. B. Art. 1804.

[3]) Italienisches H. G. B. Art. 640.

[4]) Die Bestimmung der Ordonnance von 1681 war dem deutschen Rechte gleich. Art. 60 lautete: „Après le délaissement signifié, les effets assûrez appartiendront à l'assûreur, qui ne pourra, sous prétexte du retour du Vaisseau, se dispenser de payer les sommes assûrées.“ Vgl. *Pardessus* a. a. O. IV, p. 378.

[5]) *Emérigon-Boulay-Paty* a. a. O. II, p. 233.

[6]) Vgl. *Desjardins* a. a. p. 335 ff.

[7]) Im Banne dieser Erwägungen konnte sich *Droz* gar zu dem Ausspruche versteigen: „Le délaissement rétroagit non pas seulement au jour de la signification du délaissement, ainsi que le dit par errreur l'art. 385.“ *Droz* a. a, O. II, p. 352.

bestand, zu beseitigen, — freilich bedachten sie wohl nicht, dass ihre Ansicht auch dem Art. 372 zuwiderläuft, welcher bestimmt, dass der Abandon sich nur auf die Gegenstände erstreckt, welche der Gefahr zur Zeit des Abandons noch ausgesetzt waren und nicht auf alle, die überhaupt einmal der Gefahr ausgesetzt gewesen sind.

Aber der Art. 386 ist durch Gesetz vom 12. August 1885 aufgehoben worden.

Daher ist es nicht mehr erforderlich, dem Wortlaut des Art. 385, um ihn zu erklären, Gewalt anzuthun und einen anderen Gedanken herauszulesen, als denjenigen, welchen die Gesetzesworte selbst klar aussprechen.

Eine dritte, unter anderen auch von *Cauvet*[1]) vertretene Ansicht: „que le délaissement a et doit avoir un effet rétroactif qui le fait remonter au jour de la perte", entbehrt im französischen Rechte jeder Begründung.

2. Übergang der Rechte auf den Versicherer.

§ 9.

a) An Schiff, Fracht, Ladung.

Durch den Abandon wird der Versicherer des Schiffes Eigentümer desselben. Dieser Fall ist einfach und kann keine Veranlassung zu Meinungsverschiedenheiten geben. Schwierigkeiten entstehen erst durch die Frage, wem bei Abandon des Schiffs die Fracht, welche durch das Schiff erworben wird, gehört. Sie hat sehr verschiedene Beantwortung gefunden.

Das Interesse des Versicherers ist ebenso übermässig verteidigt worden, wie dasjenige des Versicherten. Die richtige Entscheidung konnte ohne die Anwendung der Grundsätze der Distanzfracht nicht gefunden werden; denn nur hierdurch war es möglich, das zu erstrebende Prinzip zu begründen, dass von dem Momente, in welchem das Eigentum am Schiffe auf den Versicherer übergeht, auch die Nutzungen desselben ihm zu Teil werden.

Diese Grundsätze waren bereits in dem Entwurf zum deutschen Handelsgesetzbuche zum Ausdruck gebracht. Der Art. 751 ^{2} desselben lautete: „Wird das Schiff abandonniert, so gebühren dem Versicherer auch die erst nach der Abandonerklärung verdienten Fracht- und Ueberfahrtsgelder." Allein in der ersten Lesung der Kommission[2]) gewann die,

---

[1]) *Cauvet* a. a. O. II, p. 443.
[2]) Protokolle S. 3450 ff.

früher vielfach und auch jetzt noch vertretene Ansicht[1]) die Oberhand, dass der Kaskoversicherer keinen Anspruch auf irgend welchen Teil der Fracht habe. Daher wurde der Antrag: „Durch den Abandon des Schiffes erwirbt der Versicherer desselben nicht die zur Zeit des Abandons schwebende Fracht, wenn dieselbe auch erst später verdient werden mag“, angenommen.

Die Vertreter dieser Theorie stützen sich auf die Behauptung, dass Schiff und Fracht zwei selbständige Dinge seien und der vom Versicherungsvertrage gänzlich unabhängige Frachtkontrakt den Versicherer des Schiffes gar nichts angehe. Diese Sätze sind an sich zweifellos richtig, aber für die Entscheidung der vorliegenden Frage ganz unerheblich.

Der Frachtvertrag geht zunächst freilich den Kaskoversicherer nichts an; indessen seine Stellungnahme zu dem Vertrage ändert sich mit dem Momente, in welchem er durch den Abandon das Eigentum an dem Schiffe erwirbt, durch welches die Fracht erworben wird. Diese Thatsache wird von den Vertretern obiger Ansicht völlig übersehen. Der Versicherer hat allerdings nicht den Frachtkontrakt abgeschlossen, ist aber durch den Abandon gleichsam in ihn eingetreten. Von dem Moment des Abandons an ist er Eigentümer, nicht mehr der Versicherte; also erwirbt von diesem Zeitpunkte an er die Fracht, nicht aber der Versicherte. Durch die Verweigerung dieses Anspruchs zwänge man ihn, sein Schiff zu fremdem Gelderwerb ohne jede Entschädigung herzugeben; es wäre nichts anderes, als wenn man dem Käufer eines Hauses nicht zugestehen wollte, die Miete aus den vom Verkäufer abgeschlossenen Mietsverträgen einzuziehen. [2])

Erwägungen dieser Art rangen sich bei der Majorität der Mitglieder der Kommission schliesslich zu der Erkenntnis durch, dass in der ersten Lesung ein verfehlter Beschluss gefasst worden war. Daher wurde in zweiter Lesung der das Prinzip des Entwurfes erfassende Antrag angenommen [3]):

> „Wird das Schiff abandonniert, so gebührt dem Versicherer auch die erst nach der Abandonerklärung verdiente Fracht. Der

---

[1]) *Pöhls* a. a. O. IV, p. 634 ff. — *F. Brandt:* „Über Seeversicherung. Eine Ergänzung zum Seerecht.“ Nach dem Norwegischen. 1878.

[2]) Durch eine eigentümliche Deduktion versucht *Brandt* seine Ansicht, dass dem Versicherten die ganze gerettete Fracht zukomme, zu begründen. Der Abandon, meint er, sei in seinem Wesen nichts anderes, als die Anwendung der Ersatzregeln für Totalverlust; im Falle von Totalverlust aber „hätte der Assekuradeur des Schiffes keine Forderung auf irgend einen Teil der geretteten Fracht gehabt.“ Darauf ist nur zu erwidern: nach dem Totalverlust des Schiffes wird keine Fracht mehr erworben. Der Versicherer erwirbt nichts, das ist selbstverständlich, aber auch der Versicherte hat nach dem Totalverlust keinen Anspruch auf die Fracht.

[3]) Protokolle S. 4396.

hieraus dem Versicherten entstehende Verlust fällt, wenn die Fracht besonders versichert ist, dem Versicherer der letzteren zur Last.“

Der Artikel 872_3 und $_4$ des deutschen Handelsgesetzbuches bestimmt nunmehr in einer Wortfassung, welche die Ansicht[1]) der Kommission klarer ausgeprägt, als der in zweiter Lesung gefasste Beschluss:

„Wird das Schiff abandonniert, so gebührt dem Versicherer desselben die Nettofracht der Reise, auf welcher der Unfall sich zugetragen hat, soweit die Fracht erst nach der Abandonerklärung verdient ist. Dieser Teil der Fracht wird nach den für die Ermittelung der Distanzfracht geltenden Grundsätzen berechnet[2]).

Den hiernach für den Versicherten entstehenden Verlust hat, wenn die Fracht selbständig versichert ist, der Versicherer der letzteren zu tragen.“

Diese Bestimmung scheint auffällig.

Nach dem Prinzip des Gesetzes nämlich, welches vom Zeitpunkte des Abandons dem Versicherer alle Rechte an der versicherten Sache überträgt, müsste derselbe Anspruch auf die ganze Fracht nach dem Abandon, also die Bruttofracht, gewinnen.

Diese Konsequenz hat das Recht Schwedens[3]) und der Vereinigten Staaten von Nord-Amerika[4]) gezogen.

Voigt fordert die Anerkennung dieses Anspruchs für den Versicherer auch im deutschen Recht, da dasselbe dem Versicherten nicht das Recht verleihe, wegen früher für die Unternehmung gemachter Aufwendungen nach dem Abandon eine Vergütung aus dem Erwerb des Schiffes zu beanspruchen[5]).

---

[1]) Bereits in der ersten Lesung war folgende Zusatzbestimmung zu dem Artikel 751_2 des Entwurfes beantragt worden: „Den etwaigen Ausfall an der Fracht hat der Versicherer der Fracht zu tragen, wenn ihm auf Grund eines ihn treffenden Unfalles die Fracht gesetzmässig abandonniert wird“, und zwar hatte der Antragsteller ausgeführt, dass mit der ausfallenden Fracht nur die Nettofracht gemeint sein könne. Protokolle S. 3452.

[2]) Vgl. H. G. B. Art. 632, 633.

[3]) Schwedisches Seegesetz. Art. 265.

[4]) Hier ist allerdings noch zu bemerken, dass die Wirkung des Abandons auf den Tag des Unfalles zurückbezogen wird. The rule there has long been understood to be that, on an accepted abandonment of the ship, the freight earned previous to the loss apportioned pro rata itineris is to be retained by the shipowner or his representative, the underwriter on freight, to whom it has been abandonee and that only the freight earned subsequently to the time of loss vests in the abandonee on ship. *Arnould* a. a. O. II. p. 972.

[5]) *Voigt* a. a. O. S. 663.

Formell ist der Einwand *Voigts* begründet. Der Artikel 872 des deutschen Handelsgesetzbuchs stellt in seinem dritten Absatze eine Ausnahme von dem in den Worten des ersten Absatzes ausgeprägten Grundsatze auf. Diese Ausnahme aber findet ihre Rechtfertigung in Gründen der Billigkeit, welche die Ausgleichung der Interessen anstrebt.

Durch die Fracht sollen zunächst die Kosten der Ausrüstung des Schiffes, des Proviants und die Heuergelder gedeckt werden; das Uebrigbleibende ist die Nettofracht, der Frachtgewinn. Nun ist es klar, dass der Versicherte, der Rheder, den grössten Teil dieser Kosten, welche nötig waren, um den Erwerb durch die Seefahrt zu ermöglichen, bestritten hat. Denn die Aufwendungen, welche die Reise nach dem Abandon von dem Versicherer, als Eigentümer des Schiffes noch erfordert, sind meistenteils gering gegenüber den Kosten, welche nötig waren, um das Schiff seefertig zu machen. Die Ueberweisung der Bruttofracht nach dem Abandon an den Versicherer würde demnach zur Benachteiligung des Versicherten führen. Der Versicherer würde dieselben Früchte ziehen wie der Versicherte, ohne die gleichen Kosten für ihre Gewinnung zu tragen. War die Richtigkeit dieser Erwägungen erkannt, so konnte auch die sich ergebende Schwierigkeit der Berechnung der Nettofracht, auf welche *Voigt* zur Unterstützung seines Einwandes hinweist, nicht zum Verlassen des gewonnenen Standpunktes führen.

Die Bestimmung des Artikels 872_3 ergab sich aber ferner aus der Berücksichtigung der Interessenkämpfe, welche die besondere Versicherung der Fracht hervorruft. Ein Verbot der Frachtversicherung würde diese Schwierigkeiten freilich beseitigen und das Erlassen dieses Verbotes war eine konsequente Handlung seitens der Rechte, welche die ganze Fracht dem Kaskoversicherer zusprachen. Aus der Auffassung des deutschen Gesetzes aber, welches Gegenstand der Seeversicherung „jedes in Geld schätzbare Interesse, welches Jemand daran hat, dass Schiff oder Ladung die Gefahren der Seeschifffahrt bestehe[1])," sein lässt, ergiebt sich als unabweisbare Konsequenz die Zulässigkeit der Frachtversicherung. Die Folge ist, dass der Frachtversicherer mit dem Kaskoversicherer in den Kampf um die ihm durch den Abandon abgetretenen Rechte an der Fracht tritt.

Die Ueberweisung der Bruttofracht an den Kaskoversicherer würde für den Frachtversicherer einen Ausfall in der entsprechenden Höhe bedeuten, falls man ihn nicht für berechtigt zu erklären geneigt ist, die Versicherungssumme um diesen Betrag zu kürzen, und er müsste durch gesetzliche Bestimmung verpflichtet werden, den so entstehenden Verlust zu tragen. Das würde aber ein sehr bedeutender Schaden für ihn sein.

---

1) H. G. B. Art. 782.

Die Bestimmung, welche dem Kaskoversicherer nur die Nettofracht zuspricht, führt die annähernde Ausgleichung der Interessen herbei. Immerhin trifft noch jetzt den Frachtversicherer ein gewisser Verlust, dessen Beseitigung in der Kommission mit der Begründung angestrebt wurde, dass die Einbusse der betreffenden Frachtquote nicht die Folge eines den Frachtversicherer treffenden Unfalles, sondern eines freien Entschlusses des Versicherten sei[1]. Indessen wurde diese Ansicht siegreich durch die zutreffende Ausführung bekämpft, dass, „wenn die nächste Ursache des Ausfalles auch eine freiwillige Handlung des Versicherten sei, doch die ganze Sachlage, durch welche der Versicherte die Befugnis zum Abandon erlange und der Frachtverdienst für Rechnung des Versicherten verhindert werde, als Folge eines Seeunfalles erscheine, den der Frachtversicherer, insofern die Fracht dadurch betroffen werde, gleichfalls zu vertreten habe."

Voigt, welcher für den Anspruch des Kaskoversicherers auf die Bruttofracht nach dem Abandon eingetreten ist, findet es sehr bedenklich, dem Frachtversicherer den Verlust zur Last zu legen, welcher dem Betrage der Nettofracht entspricht[2].

Es kann also seine Ansicht nur sein, — denn ein vierter Interessent ist nicht vorhanden — dass der Verlust der Bruttofracht den Versicherten trifft, der sich durch die Versicherung vor jedem Verlust hat schützen wollen und die volle Prämie gezahlt hat. Das wäre nicht nur bedenklich, das wäre sogar ungerechtfertigt.

Die englischen Bestimmungen über den Abandon der Fracht leiden an gewissen Schwächen, welche aus dem Umstande stammen, dass dem englischen Rechte der Begriff der Distanzfracht unbekannt ist. Nur der Teil der Fracht, welcher bereits erworben war, z. B. durch Löschung eines Teiles der Ladung in einem Zwischenhafen, verbleibt dem Rheder; hiervon abgesehen wird die Fracht als etwas einheitliches, unteilbares behandelt[3], die demjenigen ganz gehört, durch dessen Schiff sie schliesslich, also am Zielpunkte der Reise, erworben wurde, also ergreift der Abandon des Schiffes auch die ganze zur Zeit des Unfalls „schwebende" Fracht (the pending freight). Indessen lässt das Prinzip des englischen Rechtes selbst eine Ausnahme entstehen: der Abandon des Schiffes giebt mitunter dem Kaskoversicherer keinen Anspruch auf irgend einen Teil der Fracht. Hat nämlich der Kapitän eines wegen Seeuntüchtigkeit abandonnierten Schiffes die Waaren auf ein anderes umgeladen, welches

---

[1] Protokolle S. 3451.

[2] *Voigt* a. a. O. S. 663.

[3] The freight earned under an entire contract is never apportionable. *Arnould* a. a. O. II, p. 971.

sie an den Bestimmungsort bringt, so gehört die ganze Fracht demjenigen, für den sie schliesslich erworben wurde, nämlich dem Eigentümer des abandonnierten Schiffes, dem Versicherten. Denn im Zweifel wird nicht angenommen, dass der Kapitän für den Kaskoversicherer gehandelt habe. So ist es allein das Werk des Zufalls, dass im einen Falle der Kaskoversicherer die vor dem Unfalle verdiente — d. h. die nicht bereits erworbene — Fracht erhält, während er im anderen Falle keinen Anspruch auf dieselbe erheben kann. Die Folge des englischen Prinzips ist ferner die ungerechte, schädigende Behandlung, welche durch die Ueberweisung der ganzen Fracht an den Kaskoversicherer dem Frachtversicherer zu Teil wird.

Deshalb verwirft *Arnould* die Bestimmungen seines heimischen Rechts und neigt sich dem Rechte der Vereinigten Staaten zu, in welchem er die Grundsätze der Distanzfracht befolgt findet[1]).

Eine eigenartige, zweifellos noch nicht abgeschlossene Entwicklung erfuhr diese Angelegenheit in Frankreich.

Die Ordonnance touchant la marine vom August 1681 enthielt keine Bestimmungen darüber, wem die Fracht im Falle des Abandons des Schiffes zufallen sollte. Die Entscheidung war daher dem freien Ermessen der Richter anheimgestellt und eine ständige Praxis der Gerichte hatte sich herausgebildet, welche dem Kaskoversicherer jeden Anspruch auf die Fracht absprach[2]). Gegen diese Gerichtspraxis erhob sich der Widerspruch der Wissenschaft, angeregt von *Valin*, welchen *Emérigon* und andere Schriftsteller dann kräftig unterstützten. Ihre Bestrebungen hatten glänzenden Erfolg, die Praxis musste der Wissenschaft weichen: denn die Deklaration vom 17. August 1779 enthielt in dem Artikel 6 folgende Bestimmung:

> „Le fret acquis pourra être assuré et ne pourra faire partie du délaissement du navire, s'il n'est expressément compris dans la police d'assurance, mais le fret à faire appartiendra aux assureurs, comme faisant partie du délaissement, s'il n'y a clause contraire dans la police d'assurance, sans préjudice, toutefois, des loyers des matelots et des contrats à la grosse aventure, à l'égard desquelles les dispositions de l'Ordonnance du mois d'août 1681 seront executées selon leur forme et teneur."

So hatte man also einen gewaltigen Sprung gemacht: war bisher dem Kaskoversicherer jeder Anspruch an der Fracht abgesprochen worden,

---

[1]) It certainly seems that this rule is less obnoxious to objection than our own. *Arnould* a. a. O. II, p. 972.

[2]) So noch arrêt du parlement de Rouen vom 1. Juli 1751; vgl. hierüber *Emérigon-Boulay-Paty* a. a. O. II. p. 257 ff.

so herrschte jetzt eine Theorie, welche ihm die ganze Fracht, soweit sie noch nicht erworben war — ganz wie im englischen Rechte — zusprach.

Ihre Vertreter gründen sie auf dem Satze: „Les nolis sont les fruits du navire.“ [1]) Allerdings kann man die Fracht als Nutzungen des Schiffes bezeichnen; allein die Rechtssätze von den Civilfrüchten unterschiedlos auf das Seeversicherungsrecht anzuwenden, ist wegen der Verschiedenheit der Verhältnisse unmöglich. Die Vertreter besagter Theorie bezeugen dies selbst durch eine von ihnen begangene Inkonsequenz. Wäre die Fracht wirklich die Frucht des Schiffes, so müsste sie in dem Umfange, in welchem sie erworben wird, also als Bruttofracht, dem Kaskoversicherer anheimfallen. Allein jene Juristen sehen wohl ein, dass der Versicherer gerechterweise nur den Abandon der Nettofracht beanspruchen könne[2]). Diese allerdings müsste der Versicherer — meint *Emérigon* [3]) — ungeschmälert erhalten, da die Fracht dem Schiffe seinen ursprünglichen Wert bewahre; sei dem Versicherten die Versicherungssumme, welche den Wert des Schiffes zur Zeit, als es den Hafen verliess, darstelle, ausgezahlt worden, so sei es höchst unbillig, wenn man ihm noch einen Anspruch auf die Fracht zusichere. Diese Ansicht ist unzutreffend. *Emérigon* scheint sich nicht zu vergegenwärtigen, weshalb der Rheder sein Schiff aussendet. Der Verdienst, den er durch den überseeischen Transport von Waaren erzielt, soll ihm nicht allein die Mittel zur Bestreitung der Kosten verschaffen, welche die Ausrüstung des Schiffes erfordert; es stünde schlecht um ihn, wenn diese Kosten bei jeder Reise die ganze Fracht verschlängen: er wäre ruiniert. Nein, er will einen Reingewinn erzielen, denn sein Geschäft ist der Erwerb durch das Schiff.

Wird ihm der Betrag entzogen, welchen er durch das Schiff, so lange es sein Eigentum war, verdiente, so trifft ihn ein Verlust, denn der erstrebte Gewinn, dessen er zur Erhaltung seiner Existenz bedarf, und um dessen willen er Geld, Zeit und Mühe auf die Unternehmung verwendet hat, ist völlig ausgeblieben.

Indessen herrschte jene, den Kaskoversicherer begünstigende Ansicht im vorigen Jahrhundert durchaus. Ja, sie entwickelte sich, über die Bestimmungen der déclaration hinausgehend, in der von *Emérigon* angegebenen Richtung. Das Produkt dieser Rechtsanschauung war der Artikel 386 des code de commerce:

> „Le fret des marchandises sauvées, quand même il aurait été payé d'avance, fait partie du délaissement du navire, et appartient également à l'assureur, sans préjudice des droits des prêteurs

---

[1]) *Emérigon* a. a. O. II, p. 254. — *Droz* a. a. O. II, p. 364.

[2]) *Emérigon* a. a. O. II, p. 257. — *Droz* a. a. O. II, p. 383.

[3]) *Emérigon* a. a. O. II, p. 254.

à la grosse, de ceux des matelots pour leur loyer et des frais et dépenses pendant le voyage.“ [1])

Die dispositive Anordnung der déclaration war jetzt in eine absolute verwandelt und die Forderung von *Emérigon*[2]), dass die ganze Fracht, gleichgültig, ob sie bereits erworben war oder nicht, abandonniert werden müsse, war fast erfüllt. Einige meinten allerdings[3]), dass der Art. 386 vollkommen die Ansicht von *Emérigon* wiedergebe; andere[4]) hatten Bedenken wegen der Worte: „le fret des marchandises sauvées“; alle aber waren darüber einig, dass die Fracht, welche vorher bezahlt war und unbeschadet des Schicksals der Güter nicht zurückgefordert werden konnte, vom Abandon des Schiffes ergriffen werde. Man übersah wohl, dass hierin ein Widerspruch zu dem Art. 372 des code de commerce[5]) lag, welcher Gegenstände, die nicht mehr dem Risiko ausgesetzt sind — und ein solcher ist zweifellos die definitiv erworbene Fracht — von dem Abandon ausschliesst.

Alle diese Erörterungen sind durch das Gesetz vom 12. August 1885 abgeschnitten, welches den Art. 386 aufhob. Man war der Ansicht: „que l' article 386 ne peut subsister sous une législation qui autorise l' assurance du fret[6]).“

Damit hat man nur den Sprung aus einem Extrem in das andere wiederholt. Das französische Recht ist thatsächlich auf dem Standort angelangt, den es vor 1779 einnahm: die Entwicklung hat sich im Kreise zu ihrem Ausgangspunkte zurückbewegt. Aber was damals als Lücke empfunden wurde, muss es auch jetzt sein. Die einfache Streichung des verfehlten Artikels vermochte natürlich nicht die verschiedenartigen, einander entgegenstehenden Interessen in gerechter Weise auszugleichen. Erhielt früher der Kaskoversicherer zu viel, so erhält er jetzt zu wenig. Diesen Fehler hatte vor der Emanation des Gesetzes vom 12. August 1885 die Handelskammer von Marseille erkannt, indem sie treffend in ihrem Berichte zu dem Regierungsprojekte sagte[7]): „qu' en rendant légales les assurances sur fret, il ne saurait suffire de supprimer l' article 386 et qu' il faudrait le remplacer par un article nouveau destiné à régler dans ce cas les effets de cette assurance.“

---

1) Vgl. Spanisches H. G. B. Art. 796.

2) *Emérigon* a. a. O. II, p. 255: „Il est donc aussi juste qu'équitable que l'abandon renferme sans distinction, l'entier nolis qui est l'accessoire du navire abandonné.“

3) *Droz* a. a. O. II, p. 367.

4) *Cauvet* a. a. O. II, p. 466.

5) Le délaissement ne s'étend qu'aux effets, qui sont l'objet de l'assurance et du risque.

6) *Desjardins* a. a. O., p. 294.

7) Vgl. *v. Duhn* a. a. O. S. 209.

Derselbe ist ausgeblieben und die Verträge der Parteien müssen Ersatz für den Mangel schaffen [1]).

Dem Gesetzgeber aber ziemt es nicht, eine brüchig gewordene Stelle aus dem Körper des Rechtes zu entfernen, ohne die Lücke wieder zu schliessen.

Die versicherte Ladung wird durch den Abandon Eigentum des Versicherers derselben; er erwirbt sie mit allen Rechten und Lasten, die auf ihr ruhen. Daher hat der nunmehrige Eigentümer nach Ankunft der Güter im Bestimmungshafen die Fracht für dieselben zu bezahlen.

Der Fall kann eintreten, dass diese Fracht den Wert der geretteten Güter übersteigt; man hat nun die Frage aufgeworfen, ob dann der Versicherer berechtigt sei, nach Bezahlung eines Totalschadens die Annahme dieser Güter zu verweigern. Diese Frage, welche von manchen bejaht wurde [2]), ist nicht ganz korrekt gestellt, wenigstens trifft sie in dieser Form nicht den Kern der Sache. Die Annahme der abandonnierten Güter zu verweigern ist der Versicherer natürlich berechtigt; denn jedem steht es frei, sein Eigentumsrecht aufzugeben. Von Bedeutung ist allein die Frage, ob diese Verweigerung ihn von der Verpflichtung befreit, die Fracht zu bezahlen. Diese Frage ist allerdings zu verneinen. Ebenso wie der Kaskoversicherer durch den Abandon des Schiffes in den Frachtkontrakt eintritt, übernimmt der Versicherer der Ladung die Stellung des anderen Kontrahenten in Bezug auf die Fracht, da er durch den Abandon Eigentümer der Ladung geworden ist. Deshalb ist er durch den Vertrag gebunden und kann zur Bezahlung der Fracht, wenn er sie verweigert, im Wege der Klage gezwungen werden. Denn da er durch den Abandon völlig an die Stelle des bisherigen Eigentümers getreten ist, steht seine Passivlegitimation ausser Frage.

Nach Bezahlung der Fracht hat der Versicherer aber nicht wegen des den Waarenwert übersteigenden Frachtbetrages eine Forderung gegen den Versicherten. Diese wäre nur dann begründet, wenn der Versicherer niemals über die Höhe der Versicherungssumme hinaus in Anspruch genommen werden könnte. Das Gegenteil ist aber der Fall [3]).

Der Versicherte erzielt nun nicht etwa einen widerrechtlichen Gewinn dadurch, dass er von der Bezahlung der Fracht befreit wird, während er doch die volle Versicherungssumme empfängt.

Der Grundsatz, dass die Versicherung nie zur Gewinnerzielung führen darf, gilt ebenso bei der Seeversicherung, wie bei den übrigen Versicherungsgeschäften. Indessen gestalten sich die Verhältnisse bei der

---

[1]) Vgl. Art. 15 der police française sur corps (édition du 1. janvier 1888).

[2]) So *Phillips*: Vgl. *Nolte* a. a. O., II, S. 558.

[3]) Arg. Art. 845 H. G. B.

Seeversicherung wegen der grossen Entfernung des Ortes, an welchem die Güter hergestellt werden, von dem Verkaufsplatze, wesentlich anders. Der Versicherte gewinnt nichts durch die Versicherung, im Gegenteil: Der Kaufmann, welcher Deckung seines Schadens durch die Versicherungssumme suchen muss, hat einen Verlust zu verzeichnen. Die Prämie hat er gezahlt und der Gewinn, welchen er durch den Verkauf der Güter am Bestimmungsorte, wo sie einen viel höheren Wert haben als am Platze ihrer Produktion, erhofft hat, ist ihm entgangen. Deshalb kann von einer Bereicherung nicht die Rede sein.

§ 10.

b) An Bodmerei- und Havereigeldern und Provision, nicht jedoch am imaginären Gewinn.

Sind versicherte Bodmerei- und Havereigelder abandonniert worden, so geht das Recht an der Forderung, für welche der Rheder mit Schiff und Fracht haftet, auf den Versicherer über und dieser findet, wenn das Schiff glücklich in den Bestimmungshafen eingelaufen ist, in dessen Erlöse Ersatz für die Zahlung der Versicherungssumme.

Der Verkaufskommissionär, welcher die Provision, deren Erwerb durch die Ankunft der Waaren am Bestimmungsorte bedingt ist, versichert hat, überträgt durch den Abandon derselben das ihm zustehende Recht auf den Versicherer. Nach Ankunft der Güter am Bestimmungsorte ist letzterer berechtigt, die Provision von dem Kontrahenten des Kommissionärs zu beanspruchen, selbst wenn dieser die Waaren abandonniert haben sollte, also nicht etwa von dem nunmehrigen Eigentümer derselben, dem Versicherer; denn der Provisionsanspruch ist eine persönliche, nicht den Eigentümer der Ladung als solchen treffende Forderung.

Dass eine Versicherung des imaginären Gewinns zulässig ist, steht ausser aller Frage, denn ein in Geld schätzbares Interesse ist vorhanden. Von vielen ist infolge dessen behauptet worden, dass der versicherte imaginäre Gewinn ebenso gut abandonniert werden könne wie jeder andere versicherte Gegenstand.[1]) *Pöhls* sagt sehr kategorisch, dass eine entgegengesetzte Ansicht, wie sie *Benecke*[2]) vertrete, falsch sei. Indessen muss er zugeben, dass eine faktische Unmöglichkeit des Abandons existieren möge, indem der Versicherer oft grosse Schwierigkeiten haben könne, aus dem ihm übertragenen Rechte den Nutzen zu ziehen. Prinzipiell sei der Abandon des imaginären Gewinns aber möglich.[3])

---

1) *Reatz* bei *Endemann* IV, S. 453, 456. — *Pöhls* a. a. O. IV, S. 628. — *Lewis:* Seerecht II, S. 448.

2) *W. Benecke:* System des Assekuranz- und Bodmereiwesens. Bd. 3, S. 547.

3) *Pöhls* a. a. O. S. 639.

Diese Ansicht ist indessen irrig. Wenn auch die steigende Konjunktur den Kaufmann zum Abschluss des Vertrages über Versicherung des imaginären Gewinnes veranlasst, so bildet diese doch nicht den Gegenstand der Versicherung.[1]) Die Versicherung bezweckt die Verhütung eines Vermögensverlustes, dagegen ist die Versicherung des thatsächlichen Erfolgs eines Unternehmens ausgeschlossen.[2]) Demgemäss soll auch die Versicherung des imaginären Gewinns dem Versicherten nicht den Gewinn als solchen sicherstellen. Der Versicherer übernimmt nur die Garantie dafür, dass die Waaren am Bestimmungsorte ankommen, dass also die Möglichkeit, einen Gewinn zu erzielen, eintritt.

Ist diese Bedingung erfüllt, so kann er nicht in Anspruch genommen werden, wenn der Gewinn — z. B. wegen Konjunkturveränderung — ausbleibt.[3]) Anderseits ist es möglich, dass abandonnierte Waaren einen grossen Gewinn erzielen, aber der totale Verlust des imaginären Gewinns bestehen bleibt, weil der Verkauf in einem anderen als dem Bestimmungshafen stattfinden musste.[4])

---

[1]) So übereinstimmend Entschdg. d. R. G. IV, 38 und XV, 91 — *Lewis:* Versicherungsrecht S. 61.

[2]) Vgl. *Cosack:* Lehrbuch des Handelsrechts. 2. Aufl. 1893. S. 688.

[3]) Vgl. Protokolle S. 3402.

[4]) Dieser Thatsache steht auch die eigentümliche Bestimmung des Art. 864 des deutschen Handelsgesetzbuchs nicht entgegen: „Sind bei einem Totalverluste in Ansehung des imaginären Gewinnes die Güter während der Reise so günstig verkauft, dass der Reinerlös mehr beträgt, als der Versicherungswert der Güter, ... so kommt von der Versicherungssumme des imaginären Gewinnes der Ueberschuss in Abzug.“ Der in Art. 860 aufgestellte Grundsatz wird hierdurch nicht aufgehoben: „Ein Totalverlust in Ansehung des imaginären Gewinnes oder in Ansehung der Provision, welche von der Ankunft der Güter am Bestimmungsorte erwartet werden, liegt vor, wenn die Güter den Bestimmungsort nicht erreicht haben.“

Die Bestimmung des Artikels 864 nannten wir eigentümlich, weil sie uns dem Wesen der Versicherung des imaginären Gewinnes zu widersprechen scheint. Wie oben im Text auseinandergesetzt, garantiert der Versicherer nur die Ankunft der versicherten Güter am Bestimmungsorte. Er kann nicht in Anspruch genommen werden, wenn die Güter den erhofften Gewinn nicht abwerfen. Konsequenterweise sollte er, wenn die Waaren nicht am Bestimmungsorte ankommen, also nach Art. 860 ein Totalverlust des imaginären Gewinnes besteht, nicht von dem am anderen Orte gemachten Gewinne einen Vorteil haben. Die Bestimmung des Art. 864 wäre nur dann zutreffend, wenn der Versicherer überhaupt einen Gewinn, welcher der Höhe des versicherten imaginären Gewinnes mindestens gleichkommt, garantierte. Dann wäre er selbstverständlich, da Gewinn ja erzielt ist, nur verpflichtet, die Differenz zwischen dem Ueberschuss über den Versicherungswert der Güter und dem Betrage der Versicherungssumme des imaginären Gewinnes zu zahlen. Aber für den Gewinn als solchen, der auch nicht versichert werden kann, steht der Versicherer eben nicht ein.

Ist dagegen der Verkauf der versicherten Waaren während der Reise durch den Versicherten oder seinen Vertreter erfolgt, ohne dass sie hierzu genötigt waren, so ist

Es wird also nichts thatsächliches versichert: nicht der Gewinn, sondern die Möglichkeit, die Voraussetzung des Gewinns.

Wenn nun die Versicherungssumme gefordert und gezahlt wird, welche Rechte sollten auf den Versicherer übergehen? Auf den später zu machenden Gewinn? Aber diesen kann der Versicherte gar nicht versichern; daher ist es unmöglich, dass er dem Versicherer, der für den Gewinn nicht einsteht, Rechte an diesem überträgt.

Was bleibt also übrig? Die Übertragung des Rechts an der Möglichkeit des Gewinns, auf welchen selbst der Versicherer keinen Anspruch hat. Das ist ein Nichts.

Pöhls sagt an anderer Stelle[1]: „wo nichts überwiesen werden kann, fällt der Abandon fort." Diese sehr zutreffende Ansicht hätte er auf den vorliegenden Fall anwenden sollen: auch hier ist nichts zu überweisen.

Gesetzt aber, der Abandon des imaginären Gewinns wäre rechtlich denkbar, so würde doch seine Realisierung unmöglich sein. Ist der Versicherer des imaginären Gewinns zugleich der Versicherer der Ladung, so erzielt er den etwaigen Gewinn, weil er Eigentümer der versicherten Güter geworden ist; er hätte diese Einnahme, auch wenn ihm der imaginäre Gewinn nicht abandonniert worden wäre.

Sind aber Versicherer von Ladung und imaginärem Gewinn verschiedene Personen, so wird der Versicherer des letzteren leer ausgehen, denn der Versicherer der Ladung kann doch unmöglich gezwungen werden, etwas von seinem Gewinne herauszugeben, weil zufällig noch eine Versicherung des imaginären Gewinns vorhanden ist, die ihn gar nichts angeht. Wir stimmen daher *Desjardins* — welcher allerdings nur die thatsächliche Unmöglichkeit darlegt — durchaus bei, wenn er sagt[2]: „nous persistons à croire que la notion du délaissement disparait en cette matière."

Der Abandon des versicherten imaginären Gewinns kann also wegen der rechtlichen und thatsächlichen Unmöglichkeit, Rechte zu übertragen, nicht stattfinden. Indessen soll der Versicherte nicht der in dem Abandon ruhenden Gesetzeswohlthat beraubt werden; anderseits verlangt es die Gerechtigkeit, dass der Versicherer gegenüber den Versicherern anderer Werte nicht zurückgesetzt werde.

Das deutsche Handelsgesetzbuch giebt hierüber keine Bestimmung.

Wir halten für das richtigste, dass in den Fällen, die sonst das Recht zum Abandon begründen, dem Präsumptionssystem Geltung ein-

---

der Versicherer des imaginären Gewinnes überhaupt nicht zur Zahlung verpflichtet. Denn der Versicherte darf ohne durch das Gesetz ihm gegebene Befugnis nicht selbst den Fall herbeiführen, welcher die Zahlungspflicht des Versicherers begründet.

[1]) *Pöhls* a. a. O. IV, S. 640.

[2]) *Desjardins* a. a. O., p. 306.

geräumt wird, dass also der Versicherte, falls es höchst wahrscheinlich ist, dass die versicherten Güter nicht an den Bestimmungsort gelangen werden, die Berechtigung erwirbt, den Ersatz eines Totalschadens in Bezug auf den imaginären Gewinn zu fordern. Gelangen die Güter später an ihren Bestimmungsort, zeigt es sich also, dass ein Totalverlust in Ansehung des imaginären Gewinns nicht besteht, so ist der Versicherte verpflichtet, dem Versicherer die Versicherungssumme zurück zu erstatten; dies ist folgerichtig, denn ein die Rückforderung ausschliessender Abandon hat nicht stattgefunden. Der hier dargelegte Grundsatz hat ein Analogon im Art. 869_2 des deutschen Handelsgesetzbuches.

Der Umstand schliesslich, dass der Versicherte die Versicherungssumme des imaginären Gewinns dem Versicherer zurückgeben muss, obgleich ihm selbst die Ankunft der abandonnierten Güter am Bestimmungsorte keinen Gewinn mehr bringen kann, darf kein Bedenken erregen.

Der Versicherer des imaginären Gewinns hat der Garantie, welche er übernommen hat, Genüge geleistet: die Güter sind am Bestimmungsorte angelangt. Für ihn liegt also keine Schadensersatzpflicht vor, er ist mithin berechtigt, die irrtümlich gezahlte Versicherungssumme zurückzufordern. Wen sollte er aber in Anspruch nehmen, wenn nicht den Versicherten, mit dem er den Versicherungsvertrag geschlossen hat und welcher unter der irrtümlichen Voraussetzung, dass ein Totalverlust in Beziehung auf den imaginären Gewinn stattgefunden habe, die Versicherungssumme empfangen hat. Zurückfordern kann er eben nur von demjenigen, welcher empfangen hat. Also nicht etwa von dem nunmehrigen Eigentümer der Güter, dem Versicherer derselben, welcher durch den Abandon der Ladung nur solche Lasten übernommen hat, welche ihn als Eigentümer der Güter schlechthin treffen, dagegen nicht Verpflichtungen, welche aus einem besonderen, ihn gar nicht berührenden Versicherungsvertrage stammen.

Ist der Versicherer des imaginären Gewinns zugleich der Versicherer der Ladung, so erhält er freilich, obgleich er schon durch die Ankunft der Güter am Bestimmungsorte einen Gewinn zu erzielen in der Lage ist, noch ausserdem die Versicherungssumme des imaginären Gewinns. Aber diese scheinbar zu vorteilhafte Stellung des Versicherers ist nur durch die zufällige, nicht notwendige Vereinigung der Versicherer zweier verschiedener Werte in Einer Person bewirkt; das entwickelte Prinzip kann hierdurch nicht berührt werden.

Zusammentreffen der Rechte mehrerer.

§ 11.

a) Konkurrenz des Versicherers mit dem Versicherten und mehrerer Versicherer untereinander.

Bisher ist die Wirkung des Abandons an sich, die Uebertragung der Rechte an der versicherten Sache auf den Versicherer, zum Gegenstand der Betrachtung gemacht worden.

Nicht immer wird aber das Recht in seiner den ganzen versicherten Gegenstand umfassenden Ausdehnung auf den Versicherer übertragen; Rechte anderer Personen, welche auf der versicherten Sache ruhten oder durch den Abandon erst begründet wurden, stellen sich ihm entgegen und beeinflussen die Ausübung seiner durch den Abandon erworbenen Rechte.

Im Falle einer Partialversicherung ist der Versicherte nicht verpflichtet, den ganzen versicherten Gegenstand zu abandonnieren, sondern nur den verhältnismässigen Teil desselben. Deshalb bleibt ihm das Eigentum an dem anderen Teile, dessen Gefahr er trägt. Er steht nun im gleichen rechtlichen Verhältnisse zu der versicherten Sache wie der Versicherer. Demgemäss hat man ihn als Selbstversicherer hinsichtlich des nicht versicherten Teiles bezeichnet, dem Vorgange von *Emérigon* folgend, der mehr geistreich als zutreffend sagt: „Pour le découvert l' assuré est considéré comme assureur à lui-même,“ [1]) denn Selbstversicherung ist ein Widerspruch in sich. Freilich ist nun sein Verhältnis zu dem Versicherer dasselbe wie zwischen mehreren Partialversicherern, welchen der Abandon gleichzeitig erklärt worden ist. Jeder ist Eigentümer der Sache, aber sein Eigentumsrecht ist auf einen bestimmten ideellen Anteil beschränkt. Sie sind condomini, ohne aber durch einen Gesellschaftsvertrag vereint zu sein, vielmehr besteht zwischen ihnen eine zufällige Gemeinschaft, die sogenante communio incidens. Das Verhältnis zwischen ihnen regelt sich demgemäss nach den Sätzen, welche die einzelnen Landesrechte über das Miteigentum aufstellen. Auf diese kann hier nicht im einzelnen eingegangen werden; nur das sei bemerkt, dass für einen gedeihlichen Fortbestand der Gemeinschaft die Vorschrift des preussischen Rechtes z. B., welches die Minorität, so lange diese die Gemeinschaft nicht auflösen will, zur Unterwerfung unter die Majoritätsbeschlüsse verpflichtet, zweckmässiger ist als die Regel des gemeinen Rechtes, welches für die zu treffenden Massregeln die Zustimmung aller Genossen verlangt [2]).

---

[1]) *Emérigon* a. a. O. II, p. 271.

[2]) Vgl. A. L. R. I, 17, §§ 10 ff. — l. 28 D. comm. div. (10,3) Sabinus ait in re communi neminem dominorum iure facere quicquam invito altero posse.

§ 12.

b) Konkurrenz des Versicherers mit anderen Berechtigten.

Die auf der versicherten Sache ruhenden dinglichen Rechte bleiben ihrer Natur entsprechend auch nach dem Abandon bestehen. Dem Versicherer gegenüber gliedern sich diese in zwei Gruppen.

Sind sie in Folge von Unfällen oder Gefahren entstanden, für welche der Versicherer nach dem Versicherungsvertrage aufzukommen hatte, so fallen sie diesem allein zur Last[1]); er kann für den durch die Geltendmachung dieser Rechte entstehenden Ausfall eben so wenig Ersatz von dem Versicherten beanspruchen, wie für den durch die See zerstörten Teil der ihm abandonnierten Ladung.

Hierher gehört das durch Bodmerei, welche der Schiffer unterwegs einzugehen gezwungen war, dem Gläubiger erworbene Recht. Ist das verbodmete und abandonnierte Schiff hernach glücklich in den Bestimmungshafen eingelaufen, so kann der Versicherer dem Bodmereigeber, welcher das Schiff oder die Waaren mit Beschlag belegt und verkauft, keinen Widerstand entgegensetzen. Er hat nur Anspruch auf die Summe, welche nach Befriedigung des Bodmereigläubigers von dem Erlöse übrig bleibt[2]).

Die zweite Gruppe bilden diejenigen dinglichen Rechte, welche vor dem Abandon entstanden sind und den Versicherer nicht belasten. Hierzu gehören vor allem die Schiffsgläubigerrechte, soweit sie sich nicht in den vom Versicherer zu vertretenden Gefahren gründen.

Den Besitzern dieser Rechte steht der Versicherer zwar nicht anders gegenüber, als den vorher genannten Gläubigern; auch diese kann er in der Verfolgung ihrer Rechte nicht hindern. Aber ein wichtiger Unterschied liegt darin, dass er für diese Belastungen nicht einzustehen

---

[1]) H. G. B. Art. 872_2. — Protokolle S. 3448.

[2]) Das französische Recht giebt dem Bodmereigeber kein Vorrecht vor dem Versicherer. Auch diese Rechtsfrage hat ihre Geschichte. Die Ordonnance von 1681 hatte im art. 18, titre des assurances à la grosse bestimmt: „S'il y a coutrat à la grosse et assurance sur un même chargement, le donneur sera préféré aux assureurs, sur les effets sauvés du naufrage, pour son capital seulement." Diesem Grundsatze hatte *Emérigon* (*Emérigon-Boulay-Paty* a. a. O. II, p. 268) zugestimmt. *Valin* war anderer Ansicht und diesem folgend erklärte der code de commerce im art. 331: „S'il y a contrat à la grosse et assurance sur le même navire ou sur le même chargement, le produit des effets sauvés du naufrage est partagé entre le prêteur à la grosse, pour son capital seulement et l'assureur, pour les sommes sauvées, au marc le franc de leur intérêt respectif, sans préjudice des privilèges établis à l'art. 191." Der Artikel 191 hatte unter No. 9 den Bodmereigeber als bevorrechtigten Gläubiger aufgeführt für den Fall, dass das Bodmereidarlehn vor der Reise gegeben war, auf welcher das Unglück sich ereignete, das die Konkurrenz des Bodmereigebers und des Versicherers herbeiführte. Diese Nummer 9 des Art. 191 ist durch den Art. 27 des Gesetzes vom 10./21. Dezember 1874 aufgehoben worden.

hat. Es wird ihm also eine in ihrem Werte geschmälerte Sache übertragen, während er doch den ganzen Wert, welchen die Sache ihrer Substanz nach darstellt, beanspruchen darf. Daher ist er berechtigt, von dem Versicherten wegen dieser dinglichen Rechte Gewährleistung zu verlangen [1]).

Der Ansicht *Voigts* [2]), der Versicherte sei verpflichtet, sich den zur Beseitigung der dinglichen Lasten erforderlichen Betrag auf die Versicherungssumme abrechnen zu lassen, können wir nicht beipflichten. Durch das Gesetz wird sie nicht bestätigt. Der Versicherer soll nur geschützt sein, falls die abandonnierte Sache in die Machtsphäre ihres Eigentümers zurückgelangt, er also in die Lage kommt, das ihm übertragene Recht zu verwirklichen und — das ist hier das Entscheidende, — dadurch auch den dinglich Berechtigten die Möglichkeit gewährt wird, ihre Rechte auszuüben.

Im anderen Falle ist das dingliche Recht mit der versicherten Sache untergegangen und kann nicht zum Nachteil des Versicherers verwirklicht werden. Ist also die Verwirklichung nicht ein bestimmt eintretendes Faktum, so kann auch die Entschädigung nicht in der das Interesse des Versicherten verletzenden Art gegeben werden, wie sie *Voigt* anempfiehlt. Gewährleistung ist nicht Zahlung. Die Verkürzung der Versicherungssumme hätte in den meisten Fällen die Rückforderung des Geldes zur schädlichen Folge, schädlich deshalb, weil hierdurch Anlass zu Prozessen gegeben würde.

§ 13.

4. Verpflichtungen des Versicherers und des Versicherten.

Die Regulierung des durch den Abandon neugeschaffenen Zustandes legt beiden Kontrahenten eine Anzahl verschiedenartiger Pflichten auf.

Die Hauptpflicht des Versicherers folgt aus dem Zweck des Abandons: er muss die Versicherungssumme zahlen. Ferner hat er dem Versicherten die Kosten zu ersetzen, welche dieser für die Wiedererlangung und Verwertung des versicherten Gegenstandes aufgewendet hat; [3]) denn der Versicherte handelte im Interesse und für Rechnung des neuen Eigentümers, des Versicherers.

Ist der Versicherte Kaufmann, so kann ihm in Gemässheit des Art. 289 des deutschen Handelsgesetzbuchs die Berechtigung nicht abgesprochen werden, für seine Bemühungen auch Provision zu verlangen; denn eine gegenteilige Bestimmung fehlt.

---

1) H. G. B. Art. 872_2.
2) *Voigt* a. a. O., S. 662.
3) H. G. B. Art. 874_3.

Anders die allgemeinen Seeversicherungsbedingungen, die im § 125 festsetzen: „Der Versicherte ist nicht berechtigt, sich eine Provision für seine Mühewaltungen zu berechnen.“ Wir heben diese Abweichung von dem Reichsgesetze besonders hervor, weil sie die einzige ist; hiervon abgesehen haben die Allgemeinen Seeversicherungsbedingungen die Rechtssätze des deutschen Handelsgesetzbuches über den Abandon wörtlich aufgenommen.

Eine bestimmte Zahlungsfrist, nach deren Ablauf die Forderung erst klagbar wird, wie sie in anderen Rechten eingeführt ist,[1]) kennt das deutsche Gesetz nicht. Dieselbe ist auch nicht erforderlich; es ist nicht abzusehen, warum dem Versicherer zur Tilgung einer fälligen Forderung noch eine bestimmte Frist gegeben werden sollte.

Allerdings kann er nicht eher in Anspruch genommen werden, als der Versicherte gewissen, noch zu besprechenden Verpflichtungen nachgekommen ist.

Der Eintritt der Abandonwirkungen ist, wie dargelegt, nach deutschem Rechte von dem Accept des Versicherers unabhängig; dieser ist unfähig, den Abandon selbst zu verhindern, doch kann er ihn anfechten.

Dieses Recht würde aber illusorisch, wenn er zur Zahlung an den Versicherten, dessen unsichere Vermögensverhältnisse vielleicht wenig Hoffnung gewähren, die Versicherungssumme zurückzuerlangen, gezwungen wäre, bevor er die Möglichkeit erlangt hätte, die Sachlage, welche den Anspruch seines Kontrahenten begründen soll, zu prüfen.

Vielleicht gewinnt er die Ueberzeugung, dass der Abandon ungerechtfertigt ist. Gegen die Folgen eines solchen muss er sich schützen können. Daher ist der Versicherte, bevor er die Zahlung der Versicherungssumme beanspruchen kann, verpflichtet, dem Versicherer die Rechtmässigkeit des Abandons nachzuweisen.

Er hat die Urkunden, aus denen die Begründung seines Anspruchs hervorgeht, dem Versicherer zu übergeben und ihm eine angemessene Zeit zu ihrer Prüfung zu verstatten.[2]) Die Verschollenheit des Schiffes muss durch beglaubigte Bescheinigungen über die Zeit des Antritts der Reise und über die Nichtankunft des Schiffes im Bestimmungshafen während der Abandonfrist nachgewiesen werden. In dieser dem Versicherten gestellten Bedingung liegt keine Benachteiligung für ihn; ist

---

[1]) Allgemeine Seeversicherungsbedingungen § 143: 2 Monate; ebenso § 2310, II, 8. A. L. R. — code de commerce art. 382: 3 Monate; ebenso Belgisches H. G. B. Buch II, Tit. 7, Art. 213 und portugiesisches H. G. B. Art. 1806. — Italienisches H. G. B. Art. 631: 2 Monate. — Spanisches H. G. B. Art. 805: 60 Tage. — Niederländisches H. G. B. Art. 680: 6 Wochen. — Schwedisches Seegesetz: 1 Monat.

[2]) H. G. B. Art. 873_1; Vgl. code de comm. art. 383. — Belgisches H. G. B. Art. 214.

seinem Interesse doch schon reichlich dadurch gedient, dass er „ohne mit zureichenden Dokumenten versehen zu sein, durch die Abandonerklärung den Zeitpunkt fixieren darf, nach welchem in der Folge alles zu beurteilen ist.“[1])

Ferner muss der Versicherte bei der Abandonerklärung dem Versicherer von den Bodmereischulden und den anderen auf der versicherten Sache ruhenden Belastungen Kenntnis geben.

Letzterem liegt viel daran, sogleich zu erfahren, ob er die Geltendmachung fremder Rechte an der Sache, deren Eigentümer er geworden ist, zu erwarten hat. Richtet sich doch auch nach dieser Nachricht seine Berechtigung, Gewährleistung von dem Versicherten zu verlangen. Dem Partialversicherer ist kundzugeben, ob und welchen anderen Versicherern desselben Gegenstandes der Abandon erklärt worden ist. Denn die Kenntnis seiner Miteigentümer ist zur Vornahme der etwaigen erforderlichen Massregeln unentbehrlich.

Haben die Kontrahenten eine bestimmte Zahlungsfrist vereinbart, so beginnt der Lauf derselben nicht eher, als der Versicherte diese Pflichten erfüllt hat.[2])

Die grosse Verschiedenheit, welche zwischen den Bestimmungen des deutschen und des französischen Rechtes besteht und aus der Begünstigung des Versicherten im französischen Rechte entspringt, wirkt auch nach dem Abandon fort. Der code de commerce weist zwar den Versicherten an, für die Rettung der Gegenstände, welche Schiffbruch erlitten haben, zu sorgen und die Aufhebung der Beschlagnahme zu erstreben. Aber diese Pflicht zur Fürsorge ruht nur auf ihm, so lange der Abandon nicht stattgefunden hat.[3]) Eine Fürsorge für das Eigentum seines Kontrahenten hat das französische Gesetz dem Versicherten nicht auferlegt.

Anders das deutsche Recht. Dasselbe wird von der billigen Erwägung geleitet, dass es dem Versicherer nicht möglich sein kann, sich der ihm übertragenen Sache sogleich in der Weise anzunehmen, wie es sein Interesse erfordert. Bis er dazu im Stande ist, verpflichtet es den Versicherten, für die Rettung der abandonnierten Sachen Sorge zu tragen und das Interesse des Versicherers nach bestem Ermessen wahrzunehmen.[4])

---

[1]) Protokolle S. 3457.

[2]) Deutsches H. G. B. Art. 873_2. Ebenso code de comm. art. 379 — Italien. H. G. B. Art. 638. — Belgisches H. G. B. Buch II, Tit. 7, Art. 211. — Niederl. H. G. B. Art. 675. — Spanisches H. G. B. Art. 800. — Schwedisches Seegesetz Art. 266. — Norwegischer Plan. Art. 102.

[3]) Code de comm. art. 381 u. 388.

[4]) H. G. B. Art. 874_1. — Vgl. Entscheidg. des R. O. H. G. XXIV, 395 u. XVIII, 289. — *Gareis-Fuchsberger:* Das allgemeine deutsche Handelsgesetzbuch S. 1232.

Zuweilen, vor allem in Verschollenheitsfällen, würden aber diese Dienste, welche der Versicherte seinem Kontrahenten zu leisten hat, nicht ausreichen, um die Absicht des Gesetzes zu verwirklichen. Daher bestimmt dasselbe:

„Erfährt der Versicherte, dass ein für verloren erachteter Gegenstand wieder zum Vorschein gekommen ist, so muss er dies dem Versicherer sofort anzeigen und ihm auf Verlangen die zur Erlangung oder Verwertung des Gegenstandes erforderliche Hülfe leisten." [1]

Ohne diese dem Versicherten auferlegte Verpflichtung würde der Versicherer zwar Eigentümer einer geretteten Sache sein, in den meisten Fällen sich aber zunächst ausser stande sehen, zu seinen Gunsten über sie zu verfügen.

Da nämlich, wie in der Kommissionsberatung betont wurde,[2] der Abandon keines derjenigen Rechte überträgt, welche z. B. dem Versicherten aus seinem kontraktlichen Verhältnisse zum Kapitän zustehen, so wäre es möglich, dass letzterer es ablehnt, Befehlen nachzukommen, die ihm nicht von seinem Rheder erteilt werden. Die Hülfe, welche der Versicherte seinem Kontrahenten leisten muss, ist diesem also unentbehrlich. Wäre er nur auf seine Legitimation durch den Abandonrevers angewiesen, so würden meist grosse, zeitraubende Schwierigkeiten zu überwinden sein, ehe es ihm gelänge, die ihm übertragenen Rechte zu verwirklichen.

Der Abandonrevers ist eine beglaubigte Anerkennungsurkunde über den durch den Abandon eingetretenen Uebergang der Rechte, welche der Versicherte dem Versicherer auf dessen Verlangen und auf dessen Kosten auszustellen hat.[3] Diese Ausstellung kann letzterer erst dann verlangen, nachdem er die Berechtigung des Abandons anerkannt hat. Die Ansicht, dass im deutschen Rechte ein Accept des Versicherers erforderlich sei, findet durch diese Bestimmung selbstverständlich keine Unterstützung. Der Abandonrevers steht mit den Wirkungen des Abandons nur in der Weise im Zusammenhang, dass er den ganz unabhängig von ihm erfolgten Eintritt derselben bestätigt und hierdurch dem Versicherer erleichtert, die ihm übertragenen Rechte auszuüben; dem Versicherten kann aber nicht zugemutet werden, dass er diese Erleichterung demjenigen gewährt, der die Rechtmässigkeit des Uebertragungsaktes bestreitet.

---

[1] H. G. B. Art. 874_2.
[2] Protokolle S. 3460.
[3] H. G. B. Art. 875.

Schluss.

§ 14.

Am Schlusse der Beratungen über den Abandon meinte ein Mitglied der Seerechtskommission, welches offenbar die nicht zum Siege gelangte Ansicht vertrat: Der Rahmen des Abandons sei fertig, doch sei er ziemlich leer geblieben, daher sei die Arbeit der Kommission eine ziemlich unpraktische geworden.[1])

Diese Kritik halten wir für durchaus unzutreffend. Die Rechtseinrichtung des Abandons ist für eine wenn auch nicht grosse Anzahl von Fällen ein unentbehrliches, in der Idee der Versicherung begründetes Erfordernis. Die gesetzliche Festlegung derselben gab der Arbeit der Kommission vollen praktischen Wert; diesen würde die Kommission nicht erhöht, sondern gemindert haben, hätte sie in den Rahmen, welcher dem gegebenen Inhalt gut angepasst ist, noch andere Fälle eingezwängt, in denen, wie wir gezeigt haben, der Abandon seine Berechtigung verliert.

Unsere Zeit hat das lebhafte Verlangen, für einzelne Rechtsgebiete ein gemeinsames Recht der europäischen Staaten zu schaffen. Vor allem geht das Bestreben dahin, ein internationales Verkehrsrecht herbei zu führen. Diesem wird auch die Aufgabe zufallen, die bedeutenden Unterschiede, welche zwischen den deutschen Bestimmungen über den Abandon und denen der romanischen Rechte bestehen, zu beseitigen, indem es eigene Normen aufstellt.

Es wäre zu wünschen, dass hierbei die Prinzipien des französischen Rechts nicht zur Richtschnur dienen werden, es hat aber auch nicht den Anschein. Wenigstens verraten die Beschlüsse der seerechtlichen Sektion des congrès international de droit commercial, welcher im Jahre 1885 in Antwerpen stattfand,[2]) offenbar die Neigung, den Boden des französischen Rechtes zu verlassen und dem Abandon engere Grenzen zu ziehen.

---

[1]) Protokolle S. 3483.

[2]) *Lewis:* Die Verhandlungen und Beschlüsse des zu Antwerpen im Jahre 1885 stattgehabten congrès international de droit commercial. Insbesondere die seerechtliche Sektion. In *Goldschmidts* Zeitschrift Bd. 32.

Hoffen wir, dass dies Bestreben mächtiger wird und dazu führt, dass das zukünftige internationale Seeversicherungsrecht sich möglichst eng den Bestimmungen anschliesst, durch welche das deutsche Handelsgesetzbuch den Abandon geregelt hat.

Denn in diesen allein sind nach unserer Ueberzeugung in gleicher Weise Licht und Schatten verteilt: Dem Interesse des Versicherten ist hinreichend Rechnung getragen, aber auch dem Versicherer ist eine Rechtsstellung eingeräumt, welche ihn vor allen ungerechtfertigten Ansprüchen schützt.

Litteraturverzeichnis.

Allgemeine Seeversicherungsbedingungen von 1867.

Andersen, Th.: Die Seeversicherung nach den in den hauptsächlichsten Staaten Europas geltenden gesetzlichen und anderen Bestimmungen. Hamburg 1888.

Arnould: On the law of marine insurance. 4 ed. London 1872.

Benecke, W.: System des Assekuranz- und Bodmereiwesens. 1808.

Bewer: Das Herrschaftsgebiet des Abandon. In Goldschmidt's Zeitschrift für das gesamte Handelsrecht. Bd. 38, S. 372 ff.

Borchardt, O.: Die geltenden Handelsgesetze des Erdballs. I/V. 1884/87.

Bremische Seeversicherungsbedingungen. Revidiert 1875.

Brandt, F.: Über Seeversicherung. Eine Ergänzung zum Seerecht. Nach dem Norwegischen. Leipzig 1878.

Cauvet, E.: Traité des assurances maritimes. Paris 1881.

Cosack, K.: Lehrbuch des Handelsrechts. 2. Aufl. 1893.

Dernburg, H.: Lehrbuch des preussischen Privatrechts. Bd. 2. 4. Aufl. 1889.

Desjardins, A.: Traité de droit commercial maritime. Tome septième: Traité des assurances maritimes. Paris 1888.

Droz, A.: Traité des assurances maritimes, du délaissement et des avaries. Paris 1881.

v. Duhn, A.: Mitteilungen über eine im Werk befindliche Revision des französischen Seerechts, nebst einigen Bemerkungen über seerechtliche Gegenstände. In Goldschmidt's Zeitschrift. Bd. 14, S. 89 ff.

Emérigon, B. M.: Traité des assurances et des contrats à la grosse. 2 ed. par Boulay-Paty. Rennes 1827.

Gareis-Fuchsberger: Das allgemeine deutsche Handelsgesetzbuch erläutert. Berlin 1891.

Goldschmidt, L.: System des Handelsrechts. 2. Aufl. 1889.

— — Handbuch des Handelsrechts. I, 1. 3. Aufl. Stuttgart 1891.

— — Über die Benutzung und Bedeutung der Beratungsprotokolle für die Interpretation des deutschen Handelsgesetzbuchs. In seiner Zeitschrift. Bd. 10, S. 40 ff.

Hanseatische Gerichtszeitung. Sechster Jahrgang. 1885.

Koch, C. F.: Kommentar zum Handelsgesetzbuch. 1868.

de Longé, G.: Coutumes du pays et duché de Brabant. Quartier d'Auvers. Bruxelles 1871, 1874.

Lewis, W.: Das deutsche Seerecht. 2. Aufl. 1884.

— — Lehrbuch des Versicherungsrechts. Stuttgart 1889.

— — Die Verhandlungen und Beschlüsse des zu Antwerpen im Jahre 1885 stattgehabten congrès international de droit commercial. Insbesondere die seerechtliche Sektion. In Goldschmidt's Zeitschrift. Bd. 32.

(Magens) Versuch über Assekuranzen, Havereyen und Bodmereyen insgemein. Hamburg 1753.

Makower, H.: Kommentar zum Handelsgesetzbuch. 1884.

Nolte, V.: W. Beneckes System des Assekuranz- und Bodmereiwesens vollständig und zeitgemäss umgearbeitet. 1852.

Neues Archiv für Handelsrecht. Herausgegeben von J. V. Voigt und H. G. Heineken. Bd. 3. Hamburg 1862.

Pardessus, I. M.: Collection de lois maritimes autérieures au dix-huitième siècle. Paris 1828/45.

Pöhls, M.: Darstellung des gemeinen deutschen und des Hamburgischen Handelsrechts. 1832.

Protokolle der Kommission zur Beratung eines allgemeinen deutschen Handelsgesetzbuches. Teil VII und VIII. 1862. 1863.

Reatz: Seeversicherungsrecht in *Endemann's* Handbuch des deutschen Handels-, See- und Wechselrechts. IV_1. 1884.

— Geschichte des europäischen Seeversicherungsrechts. 1870.

Reichsgericht: Entscheidungen in Civilsachen.

Reichsoberhandelsgericht: Entscheidungen.

Sirey: Les codes annotés. Tome second. Paris 1873.

Tecklenborg, H.: System des Seeversicherungswesens. 1862.

Ullrich, W.: Sammlung von seerechtlichen Erkenntnissen des Handelsgerichts zu Hamburg nebst den Entscheidungen der höheren Instanz. Hamburg 1858. 1861. Fortgesetzt von *J. Seebohm.* Hamburg 1865. 1866, und *Hermann* und *Hirsch.* Hamburg 1871—76.

Voigt, J. V. und *Seebohm:* Das deutsche Seeversicherungsrecht. 1887.

Weskett-Engelbrecht: Theorie und Praxis der Assekuranzen. 1782.

FSC
www.fsc.org
MIX
Papier | Fördert
gute Waldnutzung
FSC® C083411

Kolibri 360 GmbH
Ferdinand-Jühlke-Straße 7
99095 Erfurt, Deutschland
produktsicherheit@kolibri360.de